# 100 GREAT SCOTTISH SONGS Presented by Pat Conway
## CONTENTS

| | | | | | |
|---|---|---|---|---|---|
| Ae Fond Kiss | 92 | Four Maries, The | 104 | My Ain Folk | 81 |
| Air Falalalo | 23 | Gallowa' Hills, The | 5 | My Harry Was A | |
| A Man's A Man for A' That | 67 | Great Silkie, The | 112 | Gallant Gay | 70 |
| A Peer Rovin Lassie | 79 | Gypsy Laddie, The | 59 | My Name is Jock Stewart | 20 |
| Auld Lang Syne | 103 | Haughs O'Cromdale | 8 | Night Visiting Song, The | 82 |
| Back O'Bennachie, The | 38 | He Widna Wint His Gruel | 6 | O I Am A Millar Tae | |
| Balena, The | 18 | Hishie Ba' | 48 | My Trade | 62 |
| Band O'Shearers, The | 11 | Ho Ro! My Nut Brown | | O My Love is Like a Red, | |
| Banks O' Red Roses, The | 97 | Maiden | 71 | Red Rose | 65 |
| Barnyards O'Delgaty, The | 76 | I'll Lay Ye Doon Love | 30 | Plooman Laddies | 102 |
| Birniebouzle | 42 | Jock O'Hazeldean | 35 | Rattlin' Roarin' Willie | 58 |
| Bleacher Lass | | John Anderson, My Jo | 46 | Road to Dundee, The | 107 |
| O'Kelvinhaugh, The | 80 | Johnnie Cope | 53 | Rovin' Ploughboy, The | 50 |
| Boat Me O'er To Charlie | 111 | Johnny Lad | 51 | Rowan Tree, The | 99 |
| Bogie's Bonnie Belle | 44 | Kelvin Grove | 29 | Scots, Wha Hae | 12 |
| Bonnie Dundee | 105 | Killiecrankie | 41 | Shearin's No For You, The | 96 |
| Bonnie George Campbell | 110 | Land O' The Leal, The | 45 | Skye Boat Song, The | 34 |
| Bonnie Glen Shee | 94 | Laird O' The Dainty | | Sound The Pibroch | 10 |
| Bonnie Lass of Fyvie, The | 73 | Dounby | 40 | Tae The Beggin | 85 |
| Bonnie Ship "Diamond", | | Lassie Wi' The Yellow | | Tramps An' Hawkers | 49 |
| The | 19 | Coatie | 100 | Trooper And The Maid, | |
| Bonnie Wee Jeannie McColl | 25 | Learig, The | 91 | The | 56 |
| Broom O' The | | Leezie Lindsay | 21 | Twa Bonnie Maidens | 86 |
| Cowdenknowes | 32 | Lewis Bridal Song | 16 | Twa Corbies, The | 61 |
| Buy Broom Beesoms | 84 | Lightbob's Lassie, The | 33 | Twa Recruitin' Sairgeants | 4 |
| Caller Herrin' | 108 | Loch Lomond | 2 | Van Dieman's Land | 98 |
| Cam'Ye O'er Frae France | 88 | Lochnager | 89 | Wae's Me For Prince | |
| Ca'the Yowes | 90 | Loch Tay Boat Song | 36 | Charlie | 68 |
| Charlie Is My Darling | 66 | MacPherson's Rant | 14 | Wark O' The Weavers | 60 |
| College Boy, The | 47 | Maids When You're | | What's A' The Steer | |
| Cam' Ye By Athol? | 77 | Young | 22 | Kimmer | 109 |
| Comin' Thro' The Rye | 63 | Mally Leigh | 39 | Whistle O'er The | |
| Coulters Candy | 83 | Mary of Argylle | 31 | Lave O't | 106 |
| Dainty Davie | 70 | Mary Mack | 37 | Will Ye Gang Love? | 27 |
| Dowie Dens of Yarrow, The | 95 | Merchant's Son, The | 72 | Will Ye Go Lassie Go? | 28 |
| Dumbartons Drums | 26 | Mickey's Warning | 54 | Will Ye No Come Back | |
| Flowers of the Forest, The | 78 | Mingulay Boat Song | 101 | Again? | 93 |
| Forester, The | 55 | Mormond Braes | 75 | Ye Banks And Braes | 43 |
| | | | | Ye Jacobites By Name | 64 |

Air Falalalo
Words by Hugh S. Roberton. Tr
Lewis Bridal
(Mairi's Wedding) Words by
Traditional Tune noted from Dr. Peter
Mingulay Bo
Words by Hugh S. Roberton. Traditional
Reprints by Permission of Sir Hugh S. Rober                              ᴐns.
Bonnie Wee Jeannie McColl.
Words by Joe Gordan  Traditional Melody arranged by Joe Gordon
Publishers J. S. Kerr, Glasgow. Copyright 1959
ISBN 1 857201 02 7

### ACKNOWLEDGEMENTS
The publisher wishes to thank The School of Scottish Studies Edinburgh University, Aberdeen University and Edinburgh City Library, for their kind permission for use of photographs also a special thanks to Kay Thomson for her assistance in compiling this book.

D1249100

# LOCH LOMOND

Supposedly sung by Jacobite prisoner on his way to the scaffold (1746). Sung to his wife in London. "Ye'll tak' the highroad and I'll tak' the lowroad."

By — yon bon-nie banks and by yon bon-nie braes, where the
sun shines bright on Loch Lo - mon', where me and my true love were
ev - er wunt to gae, on the bon-nie bon-nie banks o' Loch Lo - mon' Oh
ye'll tak' the high road and I'll tak' the low road and
I'll be in Scot - land a - fore ye; but me and my true love will
ne-ver meet a-gain on the bon-nie bon-nie banks o' Loch Lo - mon'.

'Twas there that we parted in yon shady glen, On the steep, steep side o' Ben Lomon'
Where in purple hue the Hieland hills we view, An' the moon comin' out in the gloamin'.
O, ye'll tak' the high road, etc.

The wee birdies sing and the wild flow'rs spring, And in sunshine the waters are sleepin';
But the broken heart it kens nae second spring, Tho' the waefu' may cease frae their greetin'
O, ye'll tak' the high road, etc.

Loch Lomond

2

Shetland Knitter

# TWA RECRUITIN' SAIRGEANTS

Twa re-cruit-in' sairg – ants cam' frae the black watch ____ To mar-kets and fairs some re – cruits for ____ to catch; An' a' that they lis-ted ____ was for – ty an' twa ____, So list my bon-nie lad – die, an' come ____ a-wa; It is o – ver the moun-tains, and o – ver the main, Through Gibe-ral-ter to France and Spain, Get a feath-er tae your bon-net, and a kilt a-been your knee ____, An' list my bon-nie lad-die an' come a-wa' wi' me.

On, laddie, ye dinna ken the danger that ye're in
If your horses wis to gleg an' your ousen wis to rin
This greedy auld fairmer winna pey your fee,
So list bonnie laddie an' come awa wi' me

It is intae the barn an' oot o' the byrne,
This auld fairmer thinks ye'll never tire,
For it's a slavery job of low degree,
So list bonnie laddie an' come awa wi' me.

Wi' your tatty poorin's an' your meal an' kail
Your soor sowen sooring an' your ill-brewed ale,
Wi' your buttermilk and whey an' your breid fired raw
So list bonnie laddie n' come awa.

Oh, laddie if ye've got a sweetheart an' bairn
Ye'll easily get rid o' that ill-spun yarn
Twa rattles o' the drum an' that'll pey it a'
So list bonnie laddie an' come awa.

4

I'll___ tak' my plaid-ie con-tent-ed tae be, a wee bit-tie kilt-ed a-bune my knee, an' I'll gie my pipes an-ith-er blae, an' I'll gang oot o'er the hills tae Gall-ow-a' Oh the Gall-ow-a' hills are co-vered wi' broom wi' hea-ther bells in bon-nie___ bloom wi' hea-ther bells an' riv-ers a', an' I'll gang oot o'er the hills tae Gall-ow-a'.

For I say bonnie lass it's will ye come wi' me
Tae share your lot in a strange country
For tae share you lot when doon fa's a'
An' I'll gang oot ower the hills tae Gallowa'.

For I'll sell my rock, I'll sell my reel,
I'll sell my granny's spinning wheel,
I will sell them a' when doon fa's a',
An' I'll gang oot owre the hills tae Gallowa'.

# HE WIDNA WINT HIS GRUEL

Wint, in this song, means go without. Gruel is weak porridge. A song from the N.E. of Scotland.

There was a weaver o' the North, And oh but he was cruel
Oh, the very first nicht that he got wed, He sat and grat for gruel.
He widna wint his gruel, He widna wint his gruel;
Oh the very first nicht that he got wed, He sat and he grat for gruel.

"There's nae a pot in a' the hoose, That I can mak' your gruel,"
"Oh, the washin' pot it'll dae wi' me, For I maun hae ma gruel.
For I maun hae ma gruel, I canna wint ma gruel;
Oh the washin' pot it'll dae wi' me, For I maun hae ma gruel."

"There's nae a spoon in a' the hoose, That you can sup your gruel,"
"Oh the gairden spade it'll dae wi' me, For I maun hae ma gruel.
For I maun hae ma gruel, I canna wint ma gruel;
Oh the gairden spade it'll dae wi' me, For I maun hae ma gruel."

She gaed ben the hoose for cakes an' wine, And brocht them on a too'el.
"Oh gy'wa gy'wa wi' your fal-de-rals, For I maun hae ma gruel.
For I maun hae ma gruel, I canna wint ma grual;
Oh gy'wa, gy'wa wi' your fal-de-rals, For I maun hae ma gruel".

Come all young lassies take my advice, And never mairry a weaver,
The very first nicht he go wed, He sat an' grat for gruel.
He widna wint his gruel, Oh he widna wint his gruel;
Oh the very first nicht that he go wed, He sat an he grat for gruel.

**Grinding Corn**

# HAUGHS O'CROMDALE

As I cam' in by Auch-in-doon, Just a wee bit frae the toon,
To the Hie-lands I was boun', Tae view the Haughs O'Crom-dale __, I
met a man in tar-tan trews and speird at him what was the news. Quo
he "The Hie-lan' ar-my rues That e'er we cam' tae Crom-dale __."

We were in bed, sir, every man,, When the English host upon is cam';
A bloddy battle then began, Upon the haugh's o' Cromdale.
The English horse they were so rude, They bathed their hoofs in Highland blood,
But our brave clans they boldly stood, Upon the haughs o' Cromdale.

"But, alas, we could no longer stay, For o'er the hills we came away,
And sore we did lament the day, That e'er we cam' tae Cromdale."
Thus the great Montrose did say, "Can you direct the nearest way?
For I will o'er the hills this day, And view the haughs o' Cromdale."

"Alas, my lord, you're not so strong, You scarcely have two thousand men,
And there's twenty thousand on the plain, Stand rank and file on Cromdale."
Thus the great Montrose did say, "John Hielandman, show me the way
For I will o'er the hills this day. And view the haughs o' Cromdale."

They were at dinner every man, When great Montrose upon them cam';
A second battle then began, Upon the haughs o' Cromdale.
The Grant, Mackenzie and Mackay, Soon as Montrose they did espy,
Oh, then they fought most valiantly, Upon the haughs o' Cromdale.

The Macdonalds they returned again, The Camerons did their standards join,
Macintosh played a bloody game, Upon the haughs o' Cromdale.
The Gordons boldly did advance, The Frasers fought with sword and lance,
The Grahams they made the heads to dance, Upon the haughs o' Cromdale.

The loyal Stewarts with Montrose, So boldly set upon their foes,
And brought them down with Highland blows, Upon the haughs o' Cromdale.
Of twenty thousand Cromwell's men, Five hundred fled to Aberdeen,
The rest o' them lie on the plain, Upon the haughs o' Cromdale.

8

# SOUND THE PIBROCH

A Victorian Jacobite song. Words by Mrs. Norman MacLeod Snr.

And see a small devoted band, By dark Loch Shiel have ta'an their stand,
And proudly vow with heart and hand, To fight for Royal Charlie.
    Tha tighin fodham, etc.

Frae ev'ry hill and ev'ry glen, Are gath'ring fast the loyal men;
They grasp their dirks and shout again, "Hurrah! for Royal Charlie."
    Tha tighin fodham, etc.

On dark Culloden's field of gore, Hark! hark! they shout, "Claymore! claymore!"
They bravely fight, what can they more? They die for Royal Charlie.
    Tha tighin fodham, etc.

No more we'll see such deeds again, Deserted is each Highland glen,
And lonely cairns are o'er the men, Who fought and died for Charlie.
    Tha tighin fodham, etc.

*"THA TIGHIN FODHAM" is pronounced HA CHEEN FOAM,
(Meaning 'It comes upon me' or 'I have the wish.')*

10

# THE BAND O'SHEARERS

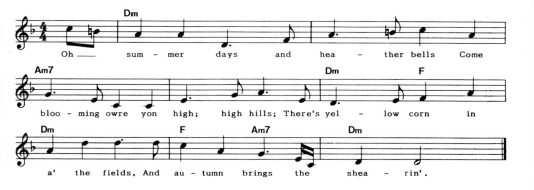

Oh ___ sum - mer days and hea - ther bells Come bloo - ming owre yon high; high hills; There's yel - low corn in a' the fields, And au - tumn brings the shea - rin'.

**Chorus:—**

Bonnie lassie will ye gang
And shear wi' me the hale day lang?
And love will cheer us as we gang
Tae join yon band o' shearers.

Oh if the weather be's owre hot
I'll cast my gravat and my coat
And shear wi' ye amang the lot,
When we join yon band o' shearers.

And if the thistle is owre strang,
And pierce your lily milk-white hand,
It's wi' my hook I'll cut it down,
When we gang tae the shearin'.

And if the weather be's owre dry,
They'll say there's love twixt you and I,
But we will proudly pass them by,
When we join yon band o' shearers.

And when the shearin' it is done,
And slowly sets the evening sun,
We'll have some rantin' roarin' fun,
And gang nae mair tae the shearin'.

**Final Chours:—**

So bonnie lassie bricht and fair,
Will ye be mine for evermair?
If ye'll be mine then I'll be thine,
And we'll gang nae mair tae the shearin'.

# SCOTS, WHA HAE

Words by Robert Burns (1759-1796). Air: 'Hey Tuttie Tattie'. Robert the Bruce supposedly used the tune for the march at the famous battle of Bannockburn, on the 24th of June 1314 in which the English army was defeated. It is the Scottish National Anthem.

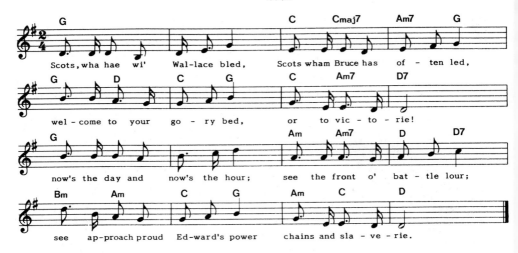

Scots, wha hae wi' Wal-lace bled, Scots wham Bruce has of-ten led,

wel-come to your go-ry bed, or to vic-to-rie!

now's the day and now's the hour; see the front o' bat-tle lour;

see ap-proach proud Ed-ward's power chains and sla-ve-rie.

Wha will be a traitor knave?
Wha can fill a coward's grave?
Wha sae base as be a slave?
Let him turn, and flee!

Wha for Scotland's King and Law
Freedom's sword will strongly draw,
Freeman stand or freeman fa',
Let him follow me!

By Oppression's woes and pains,
By your sons in servile chains,
We will drain our dearest veins
But they shall be free!

Lay the proud usurpers low!
Tyrants fall in every foe!
Liberty's in every blow!
Let us do, or dee!

# MacPHERSON'S RANT

Amongst others Robert Burns collected the song and composed a version. Following a Robin Hood career, MacPherson was captured at Keith Market and executed at the Cross of Banff in 1700. A famous fiddler, he is reputed to have composed and played the rant at his execution, before breaking his fiddle and throwing the pieces into the open grave awaiting him.

It was by a woman's treacherous hand, That I was condemned tae dee.
Upon a ledge at a window she stood, And a blanket she thew ower me.

The Laird o' Grant, that Hieland saunt, That first laid hands on me.
He pleads the cause o' Peter Broon, Tae let Macpherson dee.

Untie these bands frae off my hands, An' gie tae me my sword,
An' there's no a man in a' Scotland, But I'll brave him at a word.

For there's some come here tae see me hanged, An' some tae buy my fiddle,
Bur before that I do part wi' her, I'll brak her through the middle.

He took the fiddle intae baith o' his hands, An' he brak it ower a stane.
Says no anither hand shall play on thee, When I am deid an' gane.

Farewell my ain dear Highland hame, Fareweel my wife an' bairns.
There was nae repentance in my hert, When my fiddle was in my airms.

O, little did my mither think, When first she cradled me,
That I would turn a rovin' boy, An' die on a gallows tree.

That reprieve was comin' ower the Brig o' Banff, Tae set Macpherson free.
Bit they pit the clock a quarter afore, An' they hanged him tae the tree.

14

Farewell, ye dungeons dark and strong, The wretch's destinie!
McPherson's time will not be long, On yonder gallows tree.
                    Sae rantingly, etc.

Oh! what is death but parting breath? On many a bloody plain.
I've dared his face, and in this place, I scorn him yet again!
                    Sae rantingly, etc.

Untie these bands off my hands, And bring to me my sword!
And there's no man in all Scotland, But I'll brave him at a word.
                    Sae rantingly, etc.

I've lived a life of sturt and strife; I die by treacherie:
It burns my heart I must depart, And not avengèd be.
                    Sae rantingly, etc.

Now farewell light — thou sunshine bright, And all beneath the sky!
May coward shame disdain his name, The wretch that dare no' die!
                    Sae rantingly, etc.

# THE LEWIS BRIDAL SONG

Step we glad-ly, on we go heel for heel and toe for toe —
arm and arm and row on row all for Mair-i's wed - ding.
Ov - er hill-ways up and down myr-tle green and brack-en brown —
past the sheil-ing, thro' the town — all for sake of Mai - ri.

Red her cheeks as rowans are,
Bright her eye as any star,
Fairest o' them a' by far,
Is our darling Mairi.

Plenty herring, plenty meal,
Plenty peat to fill her creel,
Plenty bonnie bairns as weel;
That's the toast for Mairi.

Washing Blankets

# MY HARRY WAS A GALLANT GAY

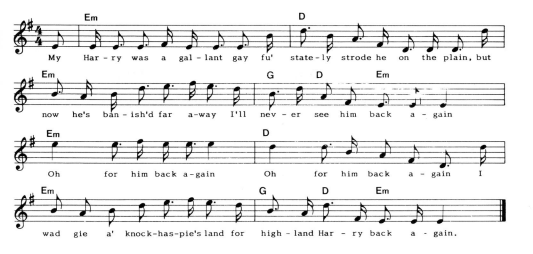

My Har - ry was a gal - lant gay fu' state - ly strode he on the plain, but now he's ban - ish'd far a - way I'll nev - er see him back a - gain Oh for him back a-gain Oh for him back a - gain I wad gie a' knock-has-pie's land for high - land Har - ry back a - gain.

When a' the lave gae to their bed, I wander dowie up the glen;
I set me down and greet my fill, And aye I wish him back again.
Oh, for him ...... etc.

Oh, were some villains hangit high, And ilka body had their ain!
Then I might see the joyfu' sight, My Highland Harry back again.
Oh, for him ...... etc.

**Islanders of Vatersay**

17

# THE BALENA

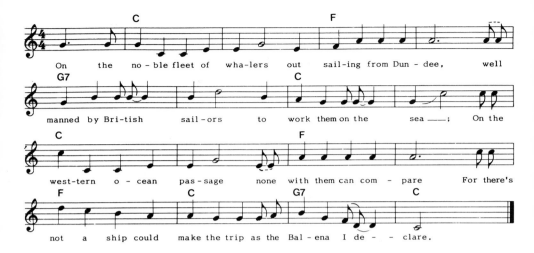

On the no-ble fleet of wha-lers out sail-ing from Dun-dee, well manned by Bri-tish sail-ors to work them on the sea ___; On the west-ern o-cean pas-sage none with them can com - pare For there's not a ship could make the trip as the Bal-ena I de - - clare.

Chorus:—

And the wind is on her quarter and her engine working free,
And there's not another whaler a-sailing from Dundee
Can beat the aul' Balena and you needna try her on,
For we challenge all both large and small from Dundee to St. Johns.

And it happened on the Thursday four days after we left Dundee,
Was carried off the quarter boats all in a raging sea,
That took away our bulwark, our stanchions and our rails,
And left the whole concern, boys, a-floating in the gales.

There's the new built "Terra Nova," she's a model with no doubt,
There's the "Arctic" and the "Aurora," hou've heard so much about,
There's Jacklin's model mail-boat, the terror of the sea
Couldn't beat the aul' "Balena," boys, on a passage from Dundee.

Bold Jacklin carries canvas and fairly raises steam
And Captain Guy's a daring boy, goes ploughing through the stream,
But Millan says the "Eskino" could beat the bloomin' lot,
But to beat the aul' "Balena," boys, they'd find it rather hot.

And now that we have landed, boys, where the rum is mighty cheap,
We'll drink success to Captain Burnett, lads, for gettin' us ower the deep,
And a health to all our sweethearts, an' to our wives so fair,
Not another ship could make that trip but the "Balena" I declare.

The Dia-mond is a ship, my lads for the Dav - is Strait she's bound, And the quay it is all gar - nish-ed with bon - nie lass-ies round. Captain Thom - son gives the or - der to sail the o-cean wide, Where the sun it ne - ver sets, my lads, nor dark-ness dims the sky. So it's cheer up, my lads, let your hearts ne - ver fail, While the bon - nie ship, the Dia-mond, goes a - fish-ing for the Whale.

Along the quay at Peterhead the lassies stand around,
Wi' their shawls all pulled about them and the saut tears rinnin' doon.
Don't you weep, my bonnie lass, though you be left behind,
For the rose will grow on Greenland's ice before we change our mind.

Here's a health to "The Resolution" likewise "The Eliza Swan"
Here's a health to "The Battler of Montrose" and "The Diamond" ship of fame.
We wear the trousers of the white and the jackets o' the blue,
When we return to Peterhead we'll hae sweethearts enoo.

It'll be bricht both day and nicht when the Greenland lads come hame,
Wi' a ship that's fu' o' oil, my lads, and money to our name;
We'll make the cradles for to rock and the blankets for to tear,
And every lass in Peterhead sing "Hushabye, my dear."

# MY NAME IS JOCK STEWART

O my name is Jock Stew-art _____ I'm a can-ny gaun man _____

_____ and a ro-vin' young fel-low I've been _____

CHORUS

So be ea - sy and free _____ when you're drink-ing wi' me _____

_____ I'm a man you don't meet ev - 'ry day _____

I'm a rovin' young blade
I'm a piper to trade
And many's the tune I can play.

I've got acres of land,
Aye and men at command
And many's the shilling in store.

I go out with my dog
And my gun for to shoot
All along by the banks of the Tay.

So come fill up your glass
With brandy and wine
And whatever the cost I will pay.

O my name is Jock Stewart,
I'm a canny gaun man
And a rovin' young fellow I've been.

Will ye gang to the hie-lands, Lee-zie Lind-say will ye gang to the hie-lands wi' me? Will ye gang to the hie-lands Lee-zie Lind-say My pride and my dar-ling to be.

To gang to the Hielands wi' you, sir,
I dinna ken how that may be,
For I ken na' the land that ye live in,
Nor ken I the lad I'm gaun wi'.

O Leezie, lass, ye maun ken little
If sae be that ye dinna ken me;
My name is Lord Ronald MacDonald,
A chieftain o' high degree.

She has kilted her coats o' green satin,
She has kilted them up to he knee;
And she' aff wi' Lord Ronald MacDonald,
His bride and his darling to be.

# MAIDS WHEN YOU'RE YOUNG

An Old man came court-ing me, Hey ding-doo-rum down, An' old man came court-ing me, Me being young, An' old man came court-ing me Fain would he mar-ry me Maids when you're young ne-ver wed an old man.

Chorus:—
For he's got no faloorum faliddle aye oorum,
He's got no faloorum faliddle aye ay,
He's got no faloorum, He's lost his ding doorum,
So maids when you're young never wed an old man.

When we went to church, Hey ding doorum down;
When we went to church, Me being young;
When we went to church, He nearly left me in the lurch,
Maids when you're young never wed an old man.

When we went to bed, Hey ding doorum down;
When we went to bed, Me being young;
When we went to bed, He lay like he was dead,
Maids when you're young never wed an old man.

But when he went to sleep, Hey ding doorum down;
But when he went to sleep, Me being young;
But when he went to sleep, Out of bed I did creep,
Into the arms of a handsome young man.

And he's got his faloorum faliddle aye oorum,
He's got his faloorum faliddle aye ay,
He's got his faloorum, I've lost my ding doorum,
So maids when you're young never wed an old man.

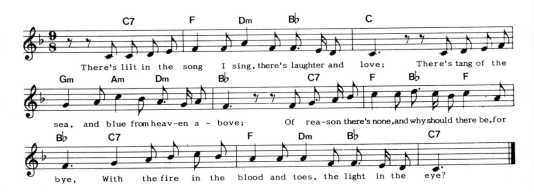

There's lilt in the song I sing, there's laughter and love; There's tang of the sea, and blue from heav-en a - bove; Of rea-son there's none, and why should there be, for bye, With the fire in the blood and toes, the light in the eye?

Air falalalo horo, air falalalay, Air falalalo horo, air falalalay,
Air falalalo horo, air falalalay, Falee falo, horo air falalalay.

The heather's ablaze wi' bloom; the myrtle is sweet;
There's song in the air; the road's a song at our feet;
So step it along as light as the bird on the wing,
And, stepping along, let's join our voices and sing.

And whether the blood be Highland, or Lowland or no';
And whether the hue be white, or black as the sloe;
Of kith and of kin we're one, be it right, be it wrong,
If only our hearts beat true to the lilt o' the song.

Inhabitants of Cromarty Ross-shire

# BONNIE WEE JEANNIE McCOLL

A fine wee lass, a bon-nie wee lass, Is bon-nie wee Jeannie Mc-Coll; I gave her my moth-ers en-gage-ment ring and a bon-nie wee tar-tan shawl. I met her at a wadd-in' In the Co o-per-a-tive Hall ___ I wis the best man and she was the bell of the ball. ___

The very first nicht I met her, She was awfy, awfy shy,
The rain cam' pourin' doon, But she was happy, so was I.
We ran like mad for shelter, An' we landed up a stair,
The rain cam' poorin' oot o' ma breeks, But ock I didna care: For she's .........

Noo I've wad my Jeannie, An' bairnies we have three,
Two dochters and a braw wee lad, That sits upon my knee.
They're richt wee holy terrors, An' they're never still for lang,
But they sit an' listen every nicht, While I sing them this sang: Oh it's .........

25

# DUMBARTON'S DRUMS

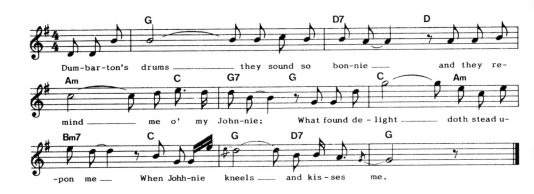

Dum-bar-ton's drums ___ they sound so bon-nie ___ and they re-mind ___ me o' my John-nie; What found de - light ___ doth stead u--pon me ___ When Johh-nie kneels ___ and kis - ses me.

My love he is a handsome laddie, And though he is Dumbarton's caddie
Some day I'll be a captain's lady, When Johnnie tends his vow to me.
    Dumbarton's drums they sound etc.

Across the fields of bounding heather, Dumbarton sounds the hour of pleasure;
The joy I know will know no measure, When Johnnie kneels and kisses me.
    Dumbarton's drums they sound etc.

'Tis he alone that can delight me, His roving eye it doth invite me;
And when his tender arms enfold me, The blackest night doth turn and flee.
    Dumbarton's drums they sound etc.

Dumbarton Castle

# WILL YE GANG LOVE?

My love he stands in yon chau-mer door, comb-ing doon his yell-ow hair, His cur-ly locks I like to see, I won-der if my love minds on me. Will ye gang, love, an' leave me noo? Will ye gang, love, an' leave me noo? Will ye for-sake your ain love true, an' gang wi' a lass that ye ne-ver knew?

I wish, I wish, I wish in vain; I wish I were a maid again.
But a maid again I'll never be, Till an apple grows on an orange tree.

I wish, I wish me babe was born, I wish it sat on's daddy's knee,
An' I myself were deid an' gone, An' the wavin' grass all o'er me growin'.

As lang as my apron did bide doon, He followed me frae toon tae toon,
But noo it's up an' above ma knee, My love gaes by but kens na me.

Mak' my grave baith lang and deep, Put a bunch of roses at my head and feet,
And in the middle put a turtle dove, Let the people know I died of love.

# WILL YE GO LASSIE GO?

I will build my love a bower by yon cool crystal fountain
And on it I will pile all the flowers of the mountain.

I will range through the wild and the deep glen sae dreary
And return wi' my spoils to the bower of my dearie.

If my true love she were gone then I'd surely find another
Whenre the wild mountain thyme grows around the blooming heather.

Kelvin Grove used to be a picturesque and richly wooded dell a short distance north west of Glasgow and was a favourite place for young people to meet on summer afternoons.

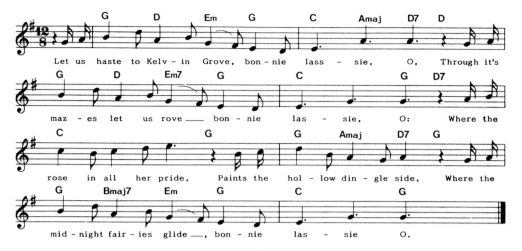

Let us haste to Kelv - in Grove, bon - nie lass - sie, O, Through it's
maz - es let us rove ___ bon - nie las - sie, O: Where the
rose in all her pride, Paints the hol - low din - gle side, Where the
mid - night fair - ies glide ___ , bon - nie las - sie O.

Let us wander by the mill, bonnie lassie, O,
To the cove beside the rill, bonnie lassie, O;
Where the glens rebound the call
Of the roaring waters' fall,
Through the mountain's rocky hall, bonnie lassie, O.

O Kelvin banks are fair, bonnie lassie, O,
When the summer we are there, bonnie lassie, O;
There the May-pink's crimson plume
Throws a soft, but sweet perfume
Round the yellow banks of broom, bonnie lassie, O.

Though I dare not call thee mine, bonnie lassie, O,
As the smile of fortune's thine, bonnie lassie, O;
Yet with fortune on my side,
I could stay thy father's pride,
And win thee for my bride, bonnie lassie, O.

But the frowns of fortune lour, bonnie lassie, O,
On thy lover at this hour, bonnie lassie, O;
Ere yon golden orb of day
Wake the warblers on the spray,
From this land I must away, bonnie lassie, O.

Then farewell to Kelvin Grove, bonnie lassie, O,
And adieu to all I love, bonnie lassie, O;
To the river winding clear,
To the fragrant scented brier,
E'en to thee of all most dear, bonnie lassie, O.

When upon a foreign shore, bonnie lassie, O,
Should I fall midst battle's roar, bonnie lassie, O;
Then Helen, shouldst thou hear
Of thy lover on his bier,
To his memory shed a tear, bonnie lassie, O.

# I'LL LAY YE DOON LOVE

I'll lay ye doon love I'll treat ye de - cent I'll lay ye doon, love, I'll fill your can I'll lay ye doon, love, I'll treat ye da - cent for __ sure - ly he is an hon-est man.

As I walked oot on a simmer evening,
Doon by the water and the pleasant sand,
And as I was walking, sure I could hear them talking,
Saying surely he is an honest man.

I hae traivelled faur frae Inverey,
Aye and as faur as Edinburgh toon,
But it's I must gae, love, and travel further,
And when I return I will lay ye doon.

I maun leave ye noo, love, but I'll return
Tae ye my love and I'll tak' your hand,
Then no more I'll roam frae ye my love,
No more tae walk on the foreign sand.

Inhabitants of St. Kilda

30

Words and music by Charles Jeffreys and Sidney Nelson. Written about 1850. Mary in this song is the "Highland Mary".

# MARY OF ARGYLE

I have heard the Ma-vis sing-ing his love-song to the morn I have seen the dew-drop cling-ing to the Rose just new-ly born; but a sweet-er song has cheer'd me at the eve-ning's gen-tle close and I've seen an eye still bright-er than the dew-drop on the Rose 'twas the voice, my gen-tle Ma-ry and thine art-less win-ning smile that made this world an E-den bon-nie Ma-ry of Ar-gyle.

Though thy voice may lose its sweetness, And thine eye its brightness too;
Though thy step may lack its fleetness, And thy hair its sunny hue;
Still to me wilt thou be dearer, Than all the world can own;
I have lov'd thee for thy beauty, But not for that alone;
I have watch'd thy heart, dear Mary, And its goodness was the wile,
That has made thee mine for ever, Bonny Mary of Argyle.

# BROOM O' THE COWDENKNOWES

How blyth was I ilk morn to — see My swain come o're — the hill; He leap'd the burn and — flew to — me, I met him wi' —— good will, O, — the broom, the bon-nie, bon-nie broom, The broom o' the cow-den- -knows; I wish I were wi' — my dear swain, Wi' his pipe and my ewes.

I neither wanted ewe nor lamb, While his flock near me lay;
He gather'd in my sheep at night, And cheer'd me a' the day.
                    O, the broom, etc.

He tun'd his pipe and played sae sweet, The birds sat list'ning by;
E'en the dull cattle stood and gaz'd, Charm'd with his melody.
                    O, the broom, etc.

While thus we spent our time by turns, Betwixt our flocks and play,
I envied not the fairest dame, Though ne'er sae rich and gay.
                    O, the broom, etc.

Hard fate that I should banish'd be, Gang heavily and mourn,
Because I lov'd the kindest swain, That ever yet was born.
                    O, the broom, etc.

He did oblige he every hour, Could I but faithful be?
He staw my heart, could I refuse, Whate'er he ask'd of me?
                    O, the broom, etc.

My doggie and my little kit, That held my wee sop whey,
My plaidie, brooch, and crooked stick, May now lie useless by.
                    O, the broom, etc.

Adieu, ye Cowdenknowes, adieu, Farewell, a' pleasures there;
Ye gods, restore me to my swain, Is a' I crave or care.
                    O, the broom, etc.

# THE LICHTBOB'S LASSIE

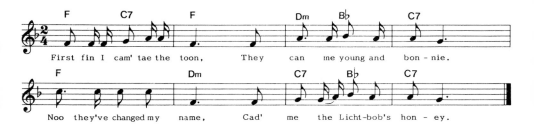

First fin I cam' tae the toon, They ca'd me young and bon - nie.

Noo they've changed my name, Ca'd me the Licht-bob's hon - ey.

First fin I cam' tae the toon,
They ca'd me proud an' saucy;
Noo they've changed my name,
Ca'd me the lichtbob's lassie.

I'll dye my petticoats red,
And face them wi' the yellow;
I'll tell the dyster lad
That the lichtbobs I'm tae follow.

Feather beds are saft,
Painted rooms are bonnie;
I will leave them a',
An' jog awa' wi' Johnnie.

Oh, my back's been sair,
Shearin' Craigie's corn;
I winna see him the nicht,
But I'll see him the morn.

Oh for Saterday nicht,
Syne I'll see my dearie,
He'll come whistlin' in,
Fan I am tired an' weary.

Tartan Shawl

33

# THE SKYE BOAT SONG

CHORUS

Speed bon-nie boat like a bird on a wing, On - ward the sail - ors cry! _____ Car - ry the lad that's born to be King, O - ver the sea to Skye!

VERSE

1. Loud the winds howl Loud the waves roar, thun-der-claps rend the air, _____ Baf - fled our foes stand by the shore, Fol-low they will not dare.

Through the waves leap, soft shall ye sleep, Ocean's a royal bed;
Rocked in the deep, Flora will keep watch by your weary head.
Speed bonnie boat, etc.

Many's the lad fought on that day, Well the claymore could wield
When the night came, silently lay dead on Culloden's field.
Speed bonnie boat, etc.

Burned are our homes, exile and death scatter the loyal men;
Yet, o'er the sword cool in the sheath, Charlie will come again.
Speed bonnie boat, etc.

Duntroom, Loch Crinan, Argyll

First verse old, the rest by Sir Walter Scott (1771-1832) under the impression that the rest was lost. However full ballad exists, 'Johnny of Hazelgreen'

# JOCK O'HAZELDEAN

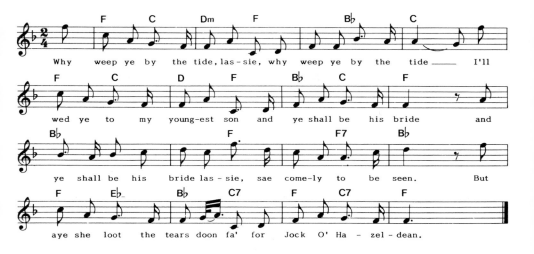

"Now let this wilfu' grief be done, And dry that cheek so pale,
Young Frank is chief of Errington, And Lord of Langley-dale.
His step is first in peaceful ha', His sword in battle keen:"
But aye she let the tears doun fa' For Jock o' Hazeldean.

A chain of gold ye shall not lack, Nor braid to bind your hair;
Nor mettl'd hound, nor manag'd hawk, Nor palfrey fresh and fair;
And you, the foremost o' them a', Shall ride our forest queen:" —
But aye she loot the tears doun fa', For Jock o' Hazeldean.

The kirk was deck'd at morning-tide, The tapers glimmer'd fair;
The priest and bridegroom wait the bride, And dame and knight are there.
They sought her both by bower and ha', The ladye was na seen!
She's o'er the border, and awa', Wi' Jock o' Hazeldean.

# LOCH TAY BOAT SONG

When I've done my work of day, And I row my boat a-way, Doon the wa-ters o' Loch Tay, As the eve-ning light is fad-ing, And I look u-pon Ben Lawers where the a-fter glo-ry glows, And I think on two bright eyes, And the melt-ing mouth be-low. She's my beau-teous nigh-ean ruadh, She's my joy and sor-row too. And al-though she is un-true Well I can-not live with-out her, For my heart's a boat in tow, And I'd give the world to know Why she means to let me to As I sing ho-ree, ho-ro.

Nighean ruadh your lovely hair, Has more glamour I declare
Than all the tresses rare, 'Tween Killin and Aberfeldy.
Be they lint white, brown or gold, Be they blacker than the sloe,
They are worth no more to me, Than the melting flake o' snow.
Her eyes are like the gleam, O' the sunlight on the stream,
And the song the fairies sing, Seems like songs she sings at milking
But my heart is full of woe, For last night she bade me go
And the tears begin to flow, As I sing ho-ree, ho-ro.

This wee lass she his a lot o' brass,
She his a lot o' gas, her faither thinks I'm class,
And I'd be a silly ass tae let the maitter pass,
Her faither thinks she suits me fairly.

Noo Mary and her mither gang an awfa' lot thegither,
In fact ye niver see the one, or the one withoot the ither.
And the fellows often winner if it's Mary or her mither,
Or the both o' them thegither that I'm courtin'.

Noo the weddin' day's on Wednesday, and everything's arranged,
Her name will soon be changed tae min, unless her min' be changed,
And wi' makin' the arrangements, faith, I'm just aboot deranged,
For marriage is an awfa' undertakin'.

It's sure tae be a grand affair and grander than a fair;
A coach and pair for rich and peer and every pair that's there;
We'll dine upon the finest fare, I'm sure tae get my share,
If I don't we'll all be very much mistaken.

# THE BACK O'BENNACHIE

As I cam' roun' by Bennachie, A bonnie young lassie there I did see,
I gaed her a wink and she smiled tae me, At the back o' Bennachie.
                    Oh, there's meal, etc.

Oh I took my lassie on my knee, Her kilt was short abeen her knee,
I says, "My lassie will ye come wi' me, Tae the back o' Bennachie?"
                    Oh, there's meal, etc.

I says tae her, "Pit on your kilt, You're a gey bra' deem and you're gey weel built,
You can wear your plaidie alang wi' your kilt, At the back o' Bennachie."
                    Oh, there's meal, etc.

Oh when her mither comes tae ken, We'll hae tae rin noo fae oor hame,
And sleep in the heather up in the glen, At the back o' Bennachie.
                    Oh, there's meal, etc.

Oh, here's tae the lassie o' Bennachie, I'll never gang back for her tae see,
I'll bide wi' my mither until I dee, At the back o' Bennachie.
                    Oh, there's meal, etc.

# MALLY LEIGH

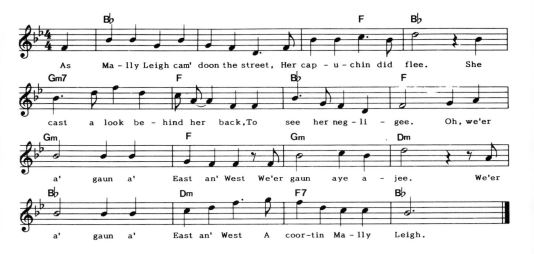

As Ma-lly Leigh cam' doon the street, Her cap-u-chin did flee. She
cast a look be-hind her back, To see her neg-li-gee. Oh, we'er
a' gaun a' East an' West We'er gaun aye a-jee. We'er
a' gaun a' East an' West A coor-tin Ma-lly Leigh.

A' doon alang the Canongate,
Were beaux o' ilk degree.
And mony an ane turned roond aboot
The comely sicht tae see.

The lass gaed through the palace ha',
And nane sae braw as she,
A prince speired leave tae dance wi' her,
And earlies twa or three.

But Hielan' Brodie fleered them a',
Wi' prood an' glancin' e'e
He's won for aye the he'rt an' hand,
O' bonnie Mally Leigh.

# LAIRD O' THE DAINTY DOUNBY

A lassie was milkin' her father's kye, When a
gentleman on horseback he cam' ridin' by, A
gentleman on horseback — he cam' ridin' by; He was
the Laird — O' the Dainty Dounby.

"Lassie, oh lassie, fit wid ye gie,
If I wis tae lie ae nicht wi' ye?"
"Tae lie ae nicht that will never, never dee,
Though you're Laird o' Dainty Dounby."

He's catched her by the middle sae sma',
He's laid her doon whaur the grass grew lang.
It was lang, lang time or he raised her up again
Sayin' "You're Lady o' the Dainty Dounby."

It fell upon a day and a bonnie simmer's day,
The day the lassie's father some money had tae pay,
The day the lassie's father some money had tae pay,
Tae the Laird o' the Dainty Dounby.

"Oh good mornin' and how do you do
An' foo is your dochter Janet ae noo,
An' foo is your dochter Janet ae noo,
Since I laid her in the Dainty Dounby?"

"Oh my lea Janet, she's no verra weel,
My dochter Janet, she looks unco pale,
My dochter Janet, she cowks at her kail,
Since ye've laid her in the Dainty Dounby."

He's ta'en her by the lily white hand,
He's led her in his rooms, they are twenty one,
And placed the keys intae her hand,
Sayin' "You're Lady o' the Dainty Dounby."

Killiecrankie, mountain pass in Athole. Scene of the battle between the forces of King William II and the Highlanders, led by Graham Claverhouse on the 27th of July 1689

Where hae ye been sae braw, lad! Where hae ye been sae bra - nkie, O! Where hae ye been sae braw lad? Cam' ye by Kill - ie - cran - kie, O? An ye had been where I hae been my lad Ye wad na been sae can - tie, O; An ye had seen what I hae seen, On the braes O' Kill - ie - cran - kie, O.

I fought at land, I fought at sea;
At hame I fought my Auntie, O;
But I met the devil and Dundee,
On the braes o' Killiecrankie, O.

The bauld Pitcur fell in a furr,
An' Clavers got a clankie, O;
Or I had fed an Athol gled,
On the braes o' Killiecrankie, O

Killiecrankie Mountain Pass

41

# BIRNIEBOUZLE

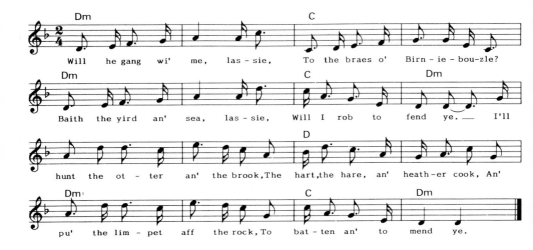

Will he gang wi' me, las-sie, To the braes o' Birn-ie-bou-zle? Baith the yird an' sea, las-sie, Will I rob to fend ye. — I'll hunt the ot-ter an' the brook, The hart, the hare, an' heath-er cook, An' pu' the lim-pet aff the rock, To bat-ten an' to mend ye.

If ye'll gang wi' me, lassie, To the braes o' Birniebouzle,
Till the day you dee, lassie, Want shall ne'er come near ye.
The peats I'll carry in a scull, The cod an' ling wi' hooks I'll pull,
An' reave the eggs o' mony a gull, To please my dainty dearie.

Sae cantry will we be, lassie, At the braes o' Birnebouzle,
Donald Gun and me, lassie, Ever sall attend ye.
Though we hae nowther milk nor meal, Nor lamb nor mutton, beef nor veal,
We'll fant the propy and the seal, And that's the way to fend ye.

An' ye sall gang sae braw, lassie, At the kirk o' Birniebouzle,
Wi' little brogues an' a', lassie, Wow but ye'll by vaunty!
An' you sall wear, when you are wed, The kirtle an' the Hieland plaid,
An' sleep upon a heather bed, Sae cozy an' sae canty.

If ye'll but marry me, lassie, At the kirk o' Birniebouzle,
A' my joy shall be, lassie, Ever to content ye.
I'll bait the line and bear the pail, An' row the boat and spread the sail,
An' drag the larry at my tail, When mussel hives are plenty.

Then come awa' wi' me, lassie, To the braes o' Birniebouzle;
Bonnie lassie, dear lassie, You shall ne'er repent ye.
For you shall own a bught o' ewes,
An' be the lady o' my hoose, An' lads an' lasses plenty.

Words by Robert Burns (1759-1796). Air: "The Caledonian Hunt's Delight". It commemorates the hapless love of a young girl who fell victim to the faithlessness of a local Laird.

# YE BANKS AND BRAES

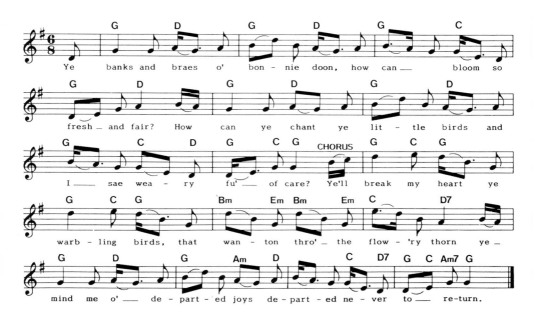

Oft hae I rov'd by bonnie Doon, To see the rose and woodbine twine;
And ilka bird sang o' its love, And fondly sae did I o' mine.
Wi' lightsome heart I pu'd a rose, Fu' sweet upon its thorny tree;
And my fause lover stole my rose, But ah! he left the thorn wi' me.

Burns Cottage, Alloway, Ayrshire

43

# BOGIE'S BONNIE BELLE

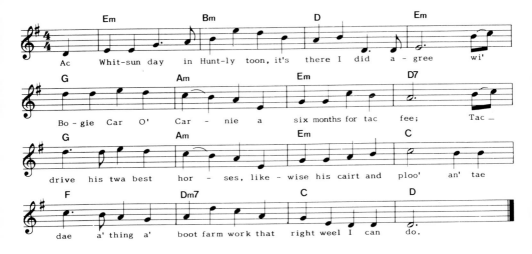

Ac Whit-sun day in Hunt-ly toon, it's there I did a-gree wi'
Bo-gie Car O' Car-nie a six months for tac fee; Tac-
drive his twa best hor-ses, like-wise his cairt and ploo' an' tae
dae a' thing a' boot farm work that right weel I can do.

Noo Bogie had a dochter wha's name was Isabel;
The flower o' her nation, there's nane her could excel.
She had rosy cheeks and ruby lips and hair o' darkish hue;
She was neat, complete and handsome, and comely for to view.

One day she went a-rambling and chose me for her guide,
Tae tak' a pleasant walk wi' her along by Carnie side.
I slipped my airm aboot her waist an' tae the ground did slide,
An' it's there I had my first braw nicht wi' the Belle o' Bogieside.

Ere twenty weeks had passed and gone this lassie lost her bloom.
Her rosy cheeks grew pale and wan and she began tae swoon.
Ere forty weeks had passed and gone this lass brought forth a son,
And I was quickly sent for, tae see what could be done.

Aul' Bogie heard the story and cried "I am undone.
Since ye've beguiled my dochter, my sorrows are begun."
I said "Aul' man, ye're fairly richt," and hung my heid wi' shame,
"I'll marry Belle the mornin' and gie the bairn my name."

But though I'd said I'd wed the lass, oh no that widnae dee;
"Ye're nae a fittin' match for Belle, nor she a match for ye."
He sent me packin' doon the road, wi' nae penny o' my fee,
Sae a' ye lads o' Huntly toon a lang fareweel tae ye.

But noo she's mairried a tinkler lad wha's name is Soutar John;
He hawks his pans an' ladles aroon by Foggie Loan.
An' maybe she's gotten a better match, aul' Bogie canna tell,
But it's me wha's ta'en the maidenhood o' Bogie's Bonnie Belle.

Lady Nairne (1766-1845). Published c. 1800. Air 'Hey Tuttie Tattie', as is 'Scots Wha Hae.'

# THE LAND O' THE LEAL

I'm wear - in' a - wa', John, like snaw - wreaths in thaw John I'm
wear - in' a - wa', to the land o' the leal there's
nae sor - row there, John, there's nei-ther cauld nor care, John; the
day is aye fair in the land o' the leal.

Our bonnie bairn's there, John,
She was baith guid and fair, John;
And, oh! we grudged her sair
To the land o' the leal.
But sorrow's sel' wears past, John,
And joy's a-comin' fast, John;
The joy that's aye to last
In the land o' the leal.

Sae dear's that joy was bought, John,
Sae free the battle fought, John,
That sinfu' man e'er brought
To the land o' the leal.
Oh! dry your glist'nin e'e, John,
My saul langs to be free, John,
And angels beckon me
To the land o' the leal.

Oh! haud ye leal and true, John,
Your day it's wearin' through, John,
And I'll welcome you
To the land o' the leal.
Now fare-ye-weel, my ain John,
This warld's cares are vain, John,
We'll meet, and we'll be fain
In the land o' the leal.

# JOHN ANDERSON, MY JO

First and last verses written by Robert Burns in 1789. There is also a bawdy version.

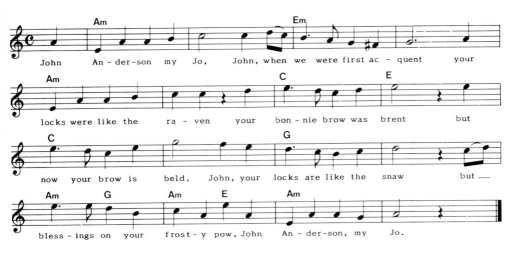

John An-der-son my Jo, John, when we were first ac-quent your
locks were like the ra-ven your bon-nie brow was brent but
now your brow is beld, John, your locks are like the snaw but —
bless-ings on your frost-y pow, John An-der-son, my Jo.

John Anderson, my Jo, John, We clamb the hill thegither,
And mony a canty day, John, We've had wi' ane anither,
Now we maun totter down, John, Bur hand in hand we'll go,
And we'll sleep thegither at the foot, John Anderson, my Jo.

The Hoy Express

# THE COLLEGE BOY

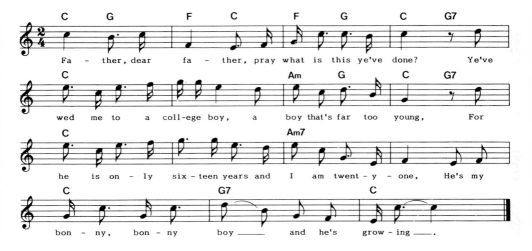

Fa - ther, dear fa - ther, pray what is this ye've done? Ye've
wed me to a coll-ege boy, a boy that's far too young, For
he is on - ly six - teen years and I am twent - y - one, He's my
bon - ny, bon - ny boy ____ and he's grow - ing ____.

As we were going through college when some boys were playing ball,
It's there I saw my own true love, the fairest of them all,
It's there I saw my own true love, the fairest of them all,
He's my bonny bonny boy and he's growing.

Oh at the age of sixteen years he was a married man,
And at the age of seventeen, the father of a son,
And at the age of twenty one he did become a man,
Though the green grass owre his grave, it was growing.

I will buy my love some flannel and I'll make my love a shroud.
With every stitch I put in it the tears will pour down,
With every stitch I put in it the tears will flow down,
For cruel fate has put an end to his growing.

# HISHIE BA'

When I wis new bit sweet six-teen, An' beau-ty just in bloo-min', Oh

lit - tle, lit - tle did I think, At nine-teen i'd be gree-tin Oh.

For the plooman lads, they're gey weel lads, They're false an' deveivin', oh,
They sail awa' an' they gang awa', An' they leave their lassies greetin', oh.

For if I hadda kent whit I dae ken, An' teen ma mither's biddin', oh,
Oh, I widna be sittin' at your fireside, Crying hishie ba', ma mairnie, oh.

Oh hishie ba', oh I'm your ma, Bit the Lord kens whha's your daddy, oh.
Bit I'll tak' good care an' I'll be aware, O' the young men in the gloamin', oh.

**Baker's Cart**

48

Oh, come a' ye tramps an' hawk - ers an' gaith - er - ers — o'
bla', That tramps the coun - trie roon' an' roon' come
list - en ane and a'. I'll tell tae you — a
rov - in' tale and sights that I have seen, Far
up in to — the snow - y North and South by Gret - na Green.

I have seen the high Ben Nevis a-towerin' to the moon,
I've been by Crieff and Callander an' roon' by bonnie Doune,
And by the Nethy's silv'ry tides an' places ill tae ken
Far up into the snowy North lies Urquhart's bonnie glen.

Aftimes I've launched into mysel' when I'm trudgin' on the road,
Wi' a bag o' bla' upon my back, my face as broon's a toad,
Wi' lumps o' cakes an' tattie scones an' cheese an' braxy ham,
Nae thinkin' whaur I'm comin' fae nor whaur I'm gaun tae gang.

I'm happy in the summer time beneath the bricht blue sky,
Nae thinkin' in the mornin' at nicht whaur I've tae lie.
Barns or byres or anywhere or oot among the hay,
And if the weather does permit I'm happy every day.

Oh Loch Katrine and Loch Lomon' have a' been seen by me,
The Dee, the Don, the Deveron that hurries into the sea,
Dunrobin Castle, by the way, I nearly had forgot,
An' any the rickles o' cairn marks the Hoose o' John o' Groat.

I'm often roon' by Gallowa' or doon aboot Stranraer,
Ma business leady me anywhere, sure I travel near an' far.
I've got a rovin' notion there's nothing what I loss,
An' a' my day's my daily fare and what'll pey my doss.

I think I'll go tae Paddy's land, I'm makin' up my min',
For Scotland's greatly altered now, sure I canna raise the win'.
But I will trust in Providence, if Providence will prove true
An' I will sing of Erin's Isle when I come back to you.

# THE ROVIN' PLOUGHBOY

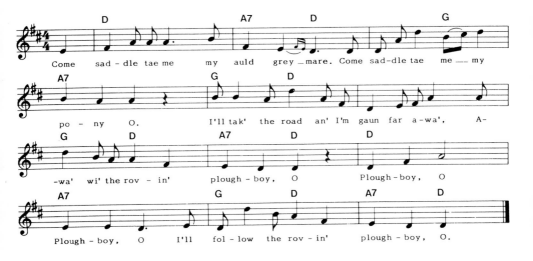

Come sad-dle tae me my auld grey mare. Come sad-dle tae me my po-ny O. I'll tak' the road an' I'm gaun far a-wa', A-wa' wi' the rov-in' plough-boy, O Plough-boy, O Plough-boy, O I'll fol-low the rov-in' plough-boy, O.

Last night I lay on a fine feather bed,
Sheets and blankets sae cosy-o,
To-night I maun lie in a cauld barn shed
Tow'd in the arms o' my ploughboy-o.

Champion ploughboy my Geordie lad,
Cups and medals and prizes-o,
In bonnie Deveronside there's nane can compare
Wi my jolly rovin' ploughboy-o.

So fare ye weel tae auld Huntly toon,
Fare ye weel Drumdelgie, O,
For noo I'm on the road and I'm gaun far away,
Awa' wi' the rovin' ploughboy-o.

Orkney Cart.

50

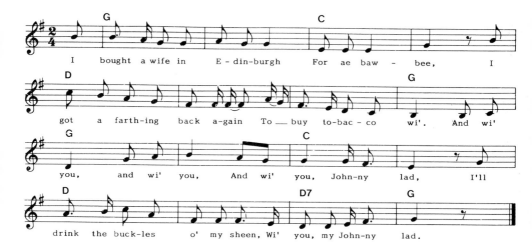

I bought a wife in E-din-burgh For ae baw - bee, I got a farth-ing back a-gain To buy to-bac - co wi'. And wi' you, and wi' you, And wi' you, John-ny lad, I'll drink the buck-les o' my sheen, Wi' you, my John-ny lad.

There was a man o' Meladee and he was wonderous wise,
He jumped into a hawthorn bush and scratched out baith his eyes.

And when he saw his eyes were out he wisna worried them
For he jumped into another bush and scratched them in again.

Now Samson was a michty man he fed on fish and ships
He walked aboot the Galagate pickin' up the nips.

Yes Samson was a michty man he fought wi' cuddie's jaws
He won a score o' battles wearin' crimson flannel draws.

Now Johnnie was a bonnie lad he was a lad o' mine
I've never had a better lad and I've had twenty-nine.

Yes Johnnie was a bonnie lad until they took him in
To hae his operation and now they call him ...... Mary.

The Catholics have my sympathy they must be feeling ill
How can they love their neighbour when the Pope has banned the pill.

One Sunday I was walkin' and ther I saw the Queen
She was playin' at the fitba' wi' the lads on Glasgow Green.

The Captain o' the other side was scorin' Waverly Style
So the Queen she cried a polisman and clapped him in the jail.

⌐nere was a man o' Meladee and he was wonderous wise,
He jumped into a hawthorn bush and scratched out baith his eyes.

And when he saw his eyes were out he wisna worried them
For he jumped into another bush and scratched them in again.

Now Samson was a michty man he fed on fish and ships
He walked aboot the Galagate pickin' up the nips.

Yes Samson was a machty man he fought wi' cuddie's jaws
He won a score o' battles wearin' crimson flannel draws.

Now Johnnie was a bonnie lad he was a lad o' mine
I've never had a better lad and I've had twenty-nine.

Yes Johnnie was a bonnie lad until they took him in
To hae his operation and now they call him . . . Mary.

The Catholics have my sympathy they must be feeling ill
How can they love their neighbour when the Pope has banned the pill.

One Sunday I was walkin' and ther I saw the Queen
She was playin' at the fitba' wi' the lades on Glasgow Green.

The Captain o' the other side was scorin' Waverly Style
So the Queen she cried a polisman and clapped him in the jail.

# JOHNNIE COPE

General of the Government force which fled in panic after a surprise attack by the Jacobites led by Bonnie Prince Charlie in 1745 near the village of Preston Pans. Words by Adam Skirving a farmer of Garleton.

Cope sent a chal - lenge from Dun - bar say-ing "Char - lie meet _ me _
an' _ ye _ daur an' _ I'll learn ye the art o' war if ye'll
meet me in _ the _ morn - in' O _ hey John-nie Cope are ye
wail - in' _ yet or _ are your drums a - beat - ting yet if _
ye _ were wauk-in' _ I _ wad wait, tae gang tae the coals in the morn - in'."

When Charlie looked the letter upon, He drew his sword the scabbard from,
Come, follow me, my merry men, And we'll meet Johnnie Cope in the morning.

Now Johnnie be as good as your word, Come, let us try baithe fire and sword,
And dinna flee like a frichted bird, That's chased frae its nest i' the morning.

When Johnnie Cope he heard o' this, He thocht it wadna ba amiss,
Tae hae a horse in readiness, Tae flee awa in the morning.

Fye now, Johnnie, get up an' rin, The Highland bagpipes mak' a din,
It's better tae sleep in a hale skin, For it will be a bluidie morning.

When Johnnie Cope tae Dunbar cam' The spiered at him, "Where's a' your men?::
"The de'il confound me gin I ken, For I left them a' in the morning.

Now Johnnie, troth ye werna blate, Tae come wi' news o' your ain defeat,
And leave you men in sic a strait, Sae early in the morning.

In faith, quo Johnnie, I got sic flegs, Wi' their claymores an' philabegs,
Gin I face them again, de'il brak my legs, So I wish you a' good morning.

# MICKEY'S WARNING

Friends, I have a sad sto - ry,____ a ve - ry sad sto - ry to tell.____ I mar - ried a man for his mon - ey,____ and he's worse than the de - vil him - self.____ So I'll go and I'll get blue bleez - in blind drunk, just to give Mick - ey a warn - ing.____ And then just for spite, I'll stay out all night, and come roll - in' home drunk in the morn - ing.____

When Mickey come's home in the evening
    He batters me all black and blue
And if I say one word I get splattered
    From the kitchen right ben to the room.

Well of whiskey I've ne'er been a lover
    But what can a poor woman do.
I'll go and I'll drown all my sorrows
    How I wish I could drown Mickey too.

# THE FORESTER

"I am the fore - ster o' this land as ye may plain - ly see, It's the man - tle O' your mai - den-heid that I maun hae fae thee." Wi' my rue rum ror - ry-ty, right rum ror - ry-ty, right me wer - ri - ty an.

He's ta'en her by the milk white hand and by the lee lang sleeve
He's laid her doon upon her back and asked no man's leave.

"Noo since you've laid me doon, young man, you'll tak' me up again,
And since you've ta'en your wills of me, you'll tell tae me your name."

"Some call me John, some call me James, and begad that's a' the same,
But when I'm in the King's high court, Gillimie is my name."

She being a good scholar, she's spelled it owre again,
Saying, "Gillimie, that's a Latin word, but Willie is your name."

When he heard his name pronounced, he mounted his high horse,
But she belted up her petticoats and followed wi' a' her force.

He rode and she ran the lang simmer day
Until they came to the river, it's commoly called the Tay.

"The water it's too deep, my love, I'm afraid ye canna wade,"
But afore he had his horse well watered she was at the ither side.

Now he's up tae the King's castle and in the castle gate,
Says, "I widna follow lassie or they'll send you tae your fate."

But she's up tae the King's castle and tirled upon the pin,
Says, "There's ane of the knights intae your court, he's robbed me fair and clean."

"Has he robbed you o' your mantle, has he robbed you o' your ring,
Has he robbed you o' your mantle an' anither you canna spin?"

55

# THE TROOPER AND THE MAID

"Bonnie lassie, I'll lie near ye noo, Bonnie lassie, I'll lie near ye,
An' I'll far a' your ribbons reel, Or the mornin' ere I leave ye."

She's ta'en his heich horse by the heid, An' she's led him to the stable,
She's gi'en him corn an' hay till ate, As muckle as he was able.

She's ta'en the trooper by the han', An' she's led him to her chamber,
She's gi'en him breid an' wine to drink, An' the wine it was like amber.

She's made her bed baith lang an' wide, An' she's made it like a lady,
She's ta'en he wee coatie ower her heid, Says, "Trooper, are ye ready?"

He's ta'en aff his big top coat, Likewise his hat an' feather,
An' he's ta'en his broadsword fae his side, An' noo he's doon aside her.

They hadna' been but an oor in bed, An oor an' half a quarter,
Fan the drums cam' beatin' up the toon, An' ilka beat was faster.

It's "Up, up, up" an' oor curnel cries, It's "Up, up, up, an' away,"
It's "Up, up, up" an' oor curnel cries, "For the morn's oor battle day."

She's ta'en her wee cloakie ower her heid, An' she's followed him doon to Stirlin',
She's grown sae fu' an' she couldna boo, An' they left her in Dunfermline.

"Bonnie lassie, I maun leave ye noo, Bonnie lassie, I maun leave ye,
An' oh, but it does grieve me sair, That ever I lay sae near ye."

It's "Fan'll ye come back again, My ain dear trooper laddie,
Fan'll ye come back again, An' be your bairn's daddy?"

"O haud your tongue, by bonnie lass, Ne'er let this partin' grieve ye,
When heather cowes grow ousen bows, Bonnie lassie, I'll come an' see ye."

Cheese an' breid for carles an' dames, Corn an' hay for horses,
Cups o' tea for auld maids, An' bonnie lads for lasses.

THE WHITE COCKADE
"There grows a bonnie briar bush in our Kailyard," &c.
W. E. LOCKHART, R.S.A.

# RATTLIN' ROARIN' WILLIE

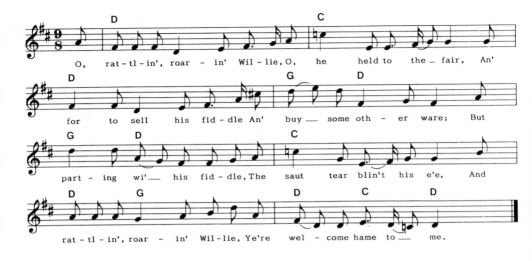

O, rat-tl-in', roar-in' Wil-lie, O, he held to the fair, An'
for to sell his fid-dle An' buy some oth-er ware; But
part-ing wi' his fid-dle, The saut tear blin't his e'e, And
rat-tl-in', roar-in' Wil-lie, Ye're wel-come hame to me.

"O, Willie, come sell your fiddle, O, sell your fiddle sae fine;
O Willie o me sell your fiddle, And buy a pint o' wine!"
"If I should sell my fiddle, The warl' would think I was mad;
For many a rantin' day, My fiddle and I hae had.

As I cam' by Crochallan, I cannily keekit ben,
Rattlin', roarin' Willie, Was sitting at yon boord-en';
Sitting at yon boord-en', And amang guid companie;
Rattlin' roarin' Willie, Ye're welcome hame to me.

# THE GYPSY LADDIE

Three gyp-sies cam' tae oor ha door, An' Oh but they sang boninie, Oh; They
sang sae sweet and sae com-plete,That they stole the hert of a la - dy Oh.

When she cam' trippin' doon the stair, Her maidens twa afore her O,
They took one look at her weel-faur'd face, An' they cast their spells oot ower her O.

They've gien tae her the nutmeg fine, Likewise a little ginger O,
An' one o' them stepped up by her side, Stole the gold ring aff her finger O.

It's she's cast aff her bonny silken goon, Pit on her tartan plaidie O.
An' she gaithered roon her maidens twa, An' bid fareweel tae their lady O.

When her good lord cam' hame that night, He was speirin' for his lady O.
"Oh, the hounds has run an' the hawks are flown, An' the gypsy's awa wi' your lady O."

"Gue saddle tae me my bonny black horse, The broon was ne'er sae speedy O,
For I will neither eat nor drink, Till I win back my lady O."

Oh, they rade east and they rade west, An' they rade through Strathbogie O,
An' there they spied the bonny lass; She was followin' the gypsy laddie O.

"Oh, the very last time that I crossed this river, I had dukes an' lords tae attend me O,
But this night I maun set in my white feet an' wade, An' the gypsies wadin' a' roon me O."

It's "Will ye gie up your houses an' your land, Will ye gie up your baby O,
An' will ye gie up your ain wedded lord, An' keep followin' the gypsy laddie O?"

It's "I'll gie up my houses an' my land," It's "I'll gie up my baby O,
For I've made a vow an' I'll keep it true, Tae follow my gypsy laddie O."

There are seven brithers o' us a', An' o but we were bonny O.
But this very night we a' shall be hanged, For the stealin' o' the Earl's lady O.

He's sent for a hangman oot o' Fife, An' anither ane oot o' Kirkcaldy O.
An' ane by ane he's laid them doon, For the stealin' o' his lady O.

"Last night I lay on a good feather bed, Wi' my good lord beside me O.
But this night I maun lie in a cauld open van, Wi' the gypsies lying a' roon me O."

# WARK O' THE WEAVERS

There's some folk independent o' ither tradesmen's wark
For women need nae barber an' dykers need nae clerk;
But there's no ane o' them but needs a coat an' a sark
Na, they canna want the wark o' the weavers.

There's smiths an' there's wrights and there's mason cheils an' a'
There's doctors an' there's meenisters an' them that live by law
An' oor freens that bide oot ower the sea in Sooth America
An' they a' need the wark o' the weavers.

Oor sodgers an' oor sailors, od, we mak' tham a' bauld
For gin they hadna claes, faith, they couldna fecht for cauld,
The high an' low, the rich an' puir—a 'body young an' auld,
They a' need the wark o' the weavers.

So the weavin' is a trade that never can fail
Sae lang's we need ae cloot tae haud anither hale,
Sae let us a' be merry ower a bicker o' guid ale.
An' drink tae the health o' the weavers.

## THE TWA CORBIES

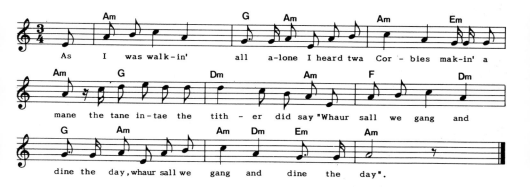

As I was walk-in' all a-lone I heard twa Cor - bies mak-in' a
mane the tane in-tae the tith - er did say "Whaur sall we gang and
dine the day, whaur sall we gang and dine the day".

"It's in ahint yon auld fail dyke
I wot there lies a new slain knight;
And naebody kens that he lies there
But his hawk and his hound, and his lady fair, O.
But his hawk and his hound, and his lady fair.

"His hound it to the hunting gane
His hawk to fetch the wild-fowl hame,
His lady's ta'en anither mate,
So we may mak our dinner swate O,
So we may mak our dinner swate.

"Ye'll sit on his white hause-bane,
And I'll pike oot his bonny blue e'en,
Wi' ae lock o' his golden hair
We'll theek oor nest when it grows bare, O,
We'll theek oor nest when it grows bare.

There's mony a ane for him maks mane
But nane sall ken whaur he is gane,
O'er his white banes when they are bare
The wind sall blaw for evermair, O,
The wind sall blaw for evermair.

# O I AM A MILLER TAE MY TRADE

O I am a mil-ler tae my trade, And that sae weel ye ken, O. I am a mil-ler tae my trade, And that say weel ye ken, O. I am a mil-ler tae my trade, And mo-ny a sack o' meal I've made, And I've cour-ted mo-ny a fair young maid, At the back o' the sacks o' meal, O.

O, as merrily as the wheel goes round, The rate sae weel ye ken O
O, as merrily as the wheel goes round, The rate sae weel ye ken O
O, as merrily as the wheel goes round, Wi' grindin' peas and corn O
And a better job was never found, Since ever I've been born O.

O, it happened ae nicht in June, When I was in masel' O
O, it happened ae nicht in June, When I was in masel' O
O, it happened ae nicht in June, The lassie came skippin' down the lane
'I hear your mill clatterin' in I thocht that I would just look in
To see if you're in yersel' O."

"O, you're welcome here my bonnie lass, You're welcome here for ae O
O, you're welcome here my bonnie lass, You're welcome here for ae O
O, you're welcome here my bonnie lass, And fit's the news that I maun here
If you'll consent and bide wi' me, And bide wi' me for ae O."

The laughin' lassie gied a smile, She said she couldnae tell O
The laughin' lassie gied a smile, She said she couldnae tell O
The laughin' lassie gied a smile, She said "Young man ye'll wait a while,
When ye hear yer mill clatterin' in, Ye'll get me tae yersel' O."

O I kissed her lips as sweet as honey, As sweet as honey dew O
O I kissed her lips as sweet as honey, As sweet as honey dew O
Oh I kissed her lips as sweet as honey, Until a tear cam' in her ee
"Tae leave ma Mammie all for thee, And bide wi' ye for aye O."

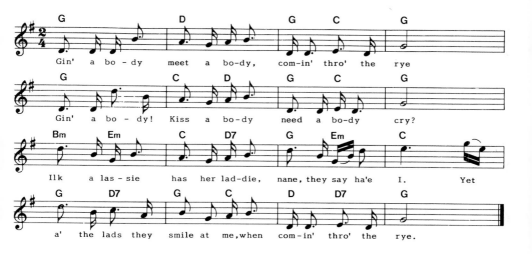

Gin' a bo - dy meet a bo-dy, com-in' thro' the rye
Gin' a bo - dy! Kiss a bo-dy need a bo-dy cry?
Ilk a las - sie has her lad-die, nane, they say ha'e I. Yet
a' the lads they smile at me,when com-in' thro' the rye.

Gin' a body meet a body, Comin' frae the well;
Gin' a body kiss a body, Need a body tell?
Ilka lassie has her laddie, Ne'er a ane ha'e I;
But a' the lads they smile on me, When comin' through the rye.

Gin' a body meet a body, Comin' frae the town;
Gin' a body greet a body, Need a body frown?
Ilka lassie has her laddie, Nane, they say, ha'e I;
But a' the lads they lo'e me weel, An' what the waur am I?

*The following is often sung as a last verse:—*

Among the train there is a swain, I dearly lo'e mysel';
But whaur his hame, or what his name, I dinna care to tell.
Ilka lassie has her laddie, Nane, they say, ha'e I;
But a' the lads they lo'e me weel, An' what the waur am I?

# YE JACOBITES BY NAME

What is right and what is wrong, by the law, by the law?
What is right and what is wrong, by the law?
What is right and what is wrong, a short sword and a long,
A weak arm and a strong for to draw, for to draw.
A weak arm and a strong for to draw.

What makes heroic strife famed afar, famed afar?
What makes heroic strife famed afar?
What makes heroic strife, to whet the assassin's knife,
Or hunt a parent's life wi' bloody war, bloody war,
Or hunt a parent's life wi' bloody war?

Then leave your schemes alone in the state, in the state,
Then leave your schemes alone in the state,
Then leave your schemes alone, adore the rising sun,
And leave a man alone to his fate, to his fate,
And leave a man alone to his fate.

# O MY LOVE IS LIKE A RED, RED ROSE

words old, revised and extended by Robert Burns. Air modernised version of 'Low
Down In The Broom'

Till a' the seas gang dry, my dear, And the rocks melt wi' the sun;
O I will love thee still, my dear, While the sands o' life shall run.
But fare thee weel, my only love, And fare thee weel awhile!
And I will come again, my love, Tho' 'twere ten thousand mile!
'Though 'twere ten thousand mile, my love! Tho' 'twere then thousand mile!
And I will come again, my love, Tho' 'twere ten thousand mile!

# CHARLIE IS MY DARLING

Burns wrote a version but the most used one is not his.

CHORUS

O Char-lie is my dar-ling, my dar-ling, my dar-ling,
Char-lie is my dar-ling, the young Cav-a-lier. 1. 'Twas on a Mon-day morn-ing, right
ear-ly in the year when Char-lie cam' to our toun, the young Cav-a-lier.

As he cam' marchin' up the street, The pipes play'd loud and clear;
And a' the folk cam' rinnin' out, To meet the Cavalier.
          O Charlie, etc.

Wi' hieland bonnets on their heads, And claymores lang and clear,
They cam' to fight for Scotland's right, And the yound Cavalier.
          O Charlie, etc.

They've left their bonnie Hieland hills, Their wives and bairnies dear,
To draw the sword for Scotland's lord, The young Cavalier.
          O Charlie, etc.

O there were mony beating hearts, And mony a hope and fear;
And mony were the pray'rs put up, For the young Cavalier.
          O Charlie, etc.

Robert Burns

# A MAN'S A MAN FOR A' THAT

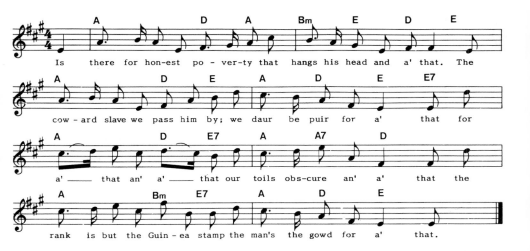

Is there for hon-est po - ver-ty that hangs his head and a' that. The cow - ard slave we pass him by; we daur be puir for a' that for a' ____ that an' a' ____ that our toils obs-cure an' a' that the rank is but the Guin - ea stamp the man's the gowd for a' that.

What though on hamely fare we dine, Wear hodden grey, an' a' that,
Gie fools their silks and knaves their wine, A man's a man for a' that.
For a' that, an' a' that, Their tinsel show an' a' that,
The honest man, tho' e'er sae poor, Is king o' men for a' that.

Ye see yon birkie ca'd "a Lord", Wha struts, an' stares, an' a' that?
Tho' hundreds worship at his work, He's but a cuif for a' that.
For a' that, an' a' that, His ribband, star, an' a' that,
The man o' independent mind, He looks and laughs at a' that.

A Prince can mak' a belted knight, A Marquis, Duke, an' a' that!
But an honest man's aboon his might, Guid faith, he mauna fa' that!
For a' that, an' a' that, Their dignities, an' a' that,
The pity o' sense an' pride o' worth, Are higher rank that a' that.

Then let us pray that come it may, (As come it will for a' that)
That sense and worth o'er a' the earth, Shall bear the gree an' a' that!
For a' that, an' a' that, It's comin' yet for a' that,
That man to man the world o'er, Shall brithers be for a' that.

# WAE'S ME FOR PRINCE CHARLIE

Jacobite song. Words by William Glen, about 1820. Air: 'Johnnie Faa' or 'The Gypsie Laddie'. Said to be founded on a romantic adventure in an old Scottish family.

A wee bird cam' to our ha' door he war-bled sweet an' clear-ly an' aye the ou'-come o' his sang was wae's me for Prince Char-lie Oh when I heard the bon-nie bon-nie bird the tears cam' drap-pin' rare-ly I took my bon-net off my head for weel I lo'ed Prince Char-lie.

Quoth I "My bird, my bonnie, bonnie bird,
Is that a sang ye borrow;
Are these some words ye've learnt by heart
Or a lilt o' dool an' sorrow?"
"Oh! no, no, no," the wee bird sang,
"I've flown sin' mornin' early;
But sic a day o' wind an' rain
Oh! wae's me for Prince Charlie!"

"On hills that are by right his ain,
He roves a lanely stranger;
On ilka hand he's press'd by want,
On ilka side by danger.
Yestereen I met him in a glen,
My heart maist burstit fairly,
For sadly changed indeed was he
Oh! wae's me for Prince Charlie!"

68

"Dark night cam' on, the tempest roar'd
Loud o'er the hills an' valleys,
An' where was't that your Prince lay down,
Whase hame should be a palace?
He row'd him in a Highland plaid;
Which cover'd him but sparely,
An' slept beneath a bush o' broom
Oh! wae's me for Prince Charlie!"

But now the bird saw some red coats,
An' he shook his wings wi' anger,
"Oh! this is no a land for me;
I'll tarry here nae langer!"
Awhile he hover'd on the wing,
Ere he departed fairly;
But weel I mind the farewell strain
Was, "Wae's me for Prince Charlie!"

Unfurling the Standard at Glenfinnan 1745

# DAINTY DAVIE

The story goes that when Reverend Williamson was being pursued by the dragoons in the time of the persecution. He was hid by Lady Cherrytrees in her daughter's bed. He escaped but left the daughter pregnant.

It was doon amang my daddy's pease, And underneath the cherry-trees —
Oh, there he kist me as he pleased, For he was mine ain dear Davie.

When he was chased by a dragoon, Into my bed he was laid doon.
I thocht him worthy o' his room, For he's aye my dainty Davie.

70

O Mary, mild-eyed Mary,
By land or on the sea,
Though time and tide may vary,
My heart beats true to thee.
        Ho-ro! etc.

With thy fair face before me,
How sweetly flew the hour,
When all thy beauty o'er me
Came streaming in its power.
        Ho-ro! etc.

The face with kindness glowing,
The face that hides no guile,
The light grace of thy going,
The witchcraft of thy smile!
        Ho-ro! etc.

And when with blossoms laden
Bright summer comes again,
I'll fetch my nut-brown maiden
Down from the bonny glen.
        Ho-ro! etc.

# THE MERCHANT'S SON

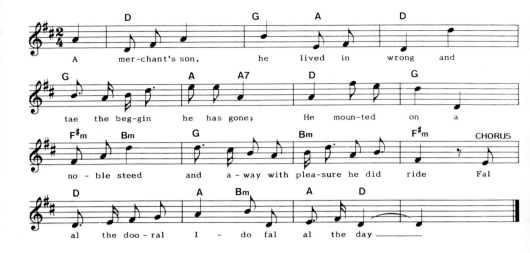

A mer-chant's son, he lived in wrong and
tae the beg-gin he has gone; He moun-ted on a
no - ble steed and a - way with plea-sure he did ride Fal
al the doo - ral I - do fal al the day

A beggar wench he chanced tae meet,
A beggar wench of low degree.
He took pity on her distress,
An' says: "My lass, you've got a pretty face."

They both inclined noo tae have a drink,
Into a public house they both went;
They both drunk ale and brandy too,
Till the both o' them got rollin' fu'.

They both inclined nee tae go tae bed,
Soon under cover they were laid;
Strong ale and brandy went tae their head,
And both now slept as they were dead.

Later on this wench she rose,
And put on noo the merchant's clothes,
With his hat so high and his sword so clear,
For she's awa' wi' the merchant's gear.

Early next morning the merchant rose,
And looking round for tae find his clothes,
There's nothing left into the room,
But a ragged petticoat and a winsey goon.

The merchant being a stranger to the toon,
He put on the old coat and goon;
And down the street he soundly swore
He would never lie with a beggar no more.

# THE BONNIE LASS OF FYVIE

There was a — troop of I-rish Dra-goons cam' a march-in' — doon thro Fy - vie, O, an' their Cap-tain's fa'n in love wi' a ve-ry bon-nie lass an' her nam' it was ca'd — pret-ty Peg - gy O!

Noo there's mony a bonnie lass in the Howe o' Auchterless,
There's mony a bonnie lass in the Garioch O,
There's mony a bonnie Jean in the toon o' Aiberdeen,
But the floo'er o' them a' is in Fyvie O.

Oh it's "Come doon the stair, pretty Peggy, my dear
Oh come doon the stair, pretty Peggy O,
Oh come doon the stair, kame bach your yellow hair,
Tak' a last fareweel o' your daddy O."

"For it's I'll gue ye ribbons for yoiur bonnie gowden hair,
I'll gie ye a necklace o' amber O,
I'll gie ye silken petticoats wi' flounces tae the knee,
If ye'll convoy me doon tae my chaumer O."

"Oh I hae got ribbons for my bonnie gowden hair,
An' I hae got a necklace o' amber O,
An' I hae got petticoats befitting my degree,
An' I'd scorn tae be seen in your chaumer O."

"What would your mammy think if she heard the guineas clink,
An' the hautboys a-playin' afore you O?
What would your mammy think when she heard the guineas clink,
An' kent you had married a sodger O?"

"Oh a godger's wife I never shall be,
A sodger shall never enjoy me O,
For I never do intend to go to a foreign land,
So I never shall marry a sodger O."

"A sodger's wife ye never shall be,
For ye'll be the captain's lady O.
An' the regiment shall stand wi' their hats intae their hands,
An' they'll bow in the presence o' my Peggy O."

"It's braw, aye, it's braw a captain's lady tae be,
It's braw tae be a captain's lady O.
It's braw tae rant an' rove an' tae follow at his word,
An' tae march when your captain he is ready O."

But the Colonel he cries "Now Mount, boys, mount!"
The captain he cries "Oh tarry, O,
Oh gang nae awa' for anither day or twa,
Till we see if this bonnie lass will marry O."

It was early next morning that we rode awa'
An' oh but oor captain was sorry O.
The drums they did beat owre the bonnie braes o' Gight
An' the band played The Lowlands o' Fyvie O.

Lang ere we wan intae auld Meldrum toon
It's we had oor captain tae carry O.
An' lang ere we wan intae bonnie Aiberdeen,
It's we had oor captain tae bury O.

Green grow the birk upon bonnie Ythanside
An' law lies the lawlands o' Fyvie O,
The captain's name was Ned an' he died for a maid,
He died for the bonnie lass o' Fyvie O.

Carrying Seaweed

# MORMOND BRAES

As — I gaed doon by Stri-chen toon I heard a fair maid mour - nin' and she was mak - in' sair com-plaint for her true love ne'er re - turn - in

**CHORUS**

Sae — fare ye weel, ye Mor-mond Braes, where oft-times I've been chee - ry; O fare ye weel, ye Mor-mond Braes for it's there I lost my dear - ie

There's as guid fish intae the sea
As ever yet was taken,
So I'll cast my net an' try again
For I'm only aince forsaken.

There's mony a horse has snappert an' fa'n
An' risen again fu' rarely,
There's mony a lass has lost her lad
An' gotten anither richt early.

Sae I'll put on my goon o' green,
It's a forsaken token,
An' that will let the young lads ken
That the bonds o' love are broken.

Sae I'll gyang back tae Strichen toon,
Whaur I was bred an' born,
An' there I'll get anither sweetheart,
Will marry me the morn.

# BARNYARDS O'DELGATY

A 'bothy' ballad from the N.E. of Scotland. A bothy was the barn or hut, where the workmen gathered after their day on the farm.

As I cam' in tae Tur-ra mar-ket, Tur-ra mar-ket for tae fee, it's

I fell in wi' a weal-thy fair-mer, the barn-yards o' Del-ga-ty

CHORUS

lin-ten ad-die too-rin ad-die lin-ten ad-die too-rin ae,

lin-ten low-rin low-rin,low-rin, the barn-yards o' Del-ga-ty.

He promised me the ae best pair,
That was in a' the kintra roon,
Fan I gaed hame tae the Barnyards
There was naething there but skin and bone.

The auld black horse sat on his rump
The auld white mare lay on her wime
For a' that I would hup and crack
They wouldna rise at yokin' time.

It's lang Jean Scott she maks ma bed
You can see the marks upon my shins
For she's the coorse ill-trickit jaud
That fills my bed wi' prickly whins.

Meg McPherson maks my brose
An' her an' me we canna gree,
First a mote and syne a knot
An' aye the ither jilp o' bree.

Fan I gang tae the kirk on Sunday
Mony's the bonny lass I see,
Sittin' by her faither's side,
An' winkin' ower the pews at me.

Oh, I can dring and no get drunk,
An' I can fecht an' no get slain,
An' I can lie wi' anither lad's lass,
An' aye be welcome tae my ain.

My caun'le noo it is brunt oot
Its lowe is fairly on the wane;
Sae fare ye weel ye Barnyards
Ye'll never catch me here again.

76

Jacobite song about the 1745 uprising led by Bonnie Prince Charlie.

# CAM' YE BY ATHOL

Cam' ye by A-thol, O lad wi' the phil-a-beg
down by the tum-mel or the banks of the Gar-ry? and
saw ye the lads, wi' their bon-nets and white cock-ades leav-ing their moun-tains to
fol-low Prince Char-lie fol-low thee, fol-low thee, wha wad-na fol-low thee
lang hast thou lo'ed and trnst-ed us fair-ly Char-lie Char-lie
wha wad-na fol-low thee, King O' the high-land heart Bon-nie Prince Char-lie.

I ha'e but ae son, my gallant young Donald,
But if I had ten, they should follow Glengarry;
Health to McDonald, and gallant Clan-Ronald,
For these are the men that will die for their Charlie.
                              Follow thee, etc.

I'll to Lochiel and Appin, and kneel to them,
Down by Lord Murray and Roy o' Kildarlie;
Brave Mackintosh he shall fly to the field wi' them;
These are the lads I can trust wi' my Charlie.
                              Follow thee, etc.

Down thro' the Lowlands, down wi' the Whigamore,
Loyal true Highlanders, down wi' them rarely!
Ronald and Donald, drive on we' the braid claymore,
Over the necks of the foes o' Prince Charlie!
                              Follow thee, etc.

# THE FLOWERS OF THE FOREST

Words by Miss Jane Elliot. A lament for the Scottish dead, including James IV, after their defeat at the battle of Flodden on 9 September 1513.

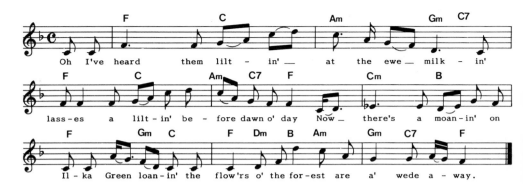

Oh I've heard them lilt-in' — at the ewe — milk-in' lass-es a lilt-in' be-fore dawn o' day Now — there's a moan-in' on Il - ka Green loan-in' the flow'rs o' the for-est are a' wede a - way.

At bughts in the mornin', nae blythe lads are scornin',
Lassies are lanely, an' dowie, an' wae;
Nae daffin', nae gabbin', but sighin' an' sabbin',
Ilk ane lifts her leglin', an' hies her away.

At e'en in the gloamin', nae swankies are roamin'
'Bout stacks wi' the lasses at bogle to play;
But ilk maid sits drearie, lamentin' her dearie,
The Flow'rs o' the Forest are a' wede away.

In har'st at the shearin', nae youths now are jeerin',
Bandsters are runkles, an' lyart, or grey;
At fair or at preachin', nae wooin', nae fleechin',
The Flow'rs o' the Forest are a' wede away.

Dool for the order sent our lads to the Border,
The English, for ance, by guile was the day;
The Flow'rs o' the Forest that fought aye the foremost,
The prime o' our land lie cauld i' the clay.

We'll hae nae mair liltin' at the ewe-milkin',
Women an' bairns are heartless an' wae;
Sighin' an' moanin' on ilka green loanin',
The Flow'rs o' the Forest are a' wede away.

# A PEER ROVIN LASSIE

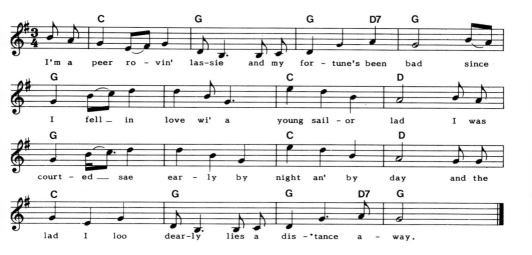

I'm a peer ro - vin' las-sie and my for - tune's been bad since
I fell — in love wi' a young sail - or lad I was
court - ed — sae ear - ly by night an' by day and the
lad I loo dear-ly lies a dis - 'tance a - way.

Chorus:—

When I look to yon hills and my laddie's nae there,
When I look to yon high hills it makes my hert sair.
When I look to yon high hills and a tear dims my e'e,
For the lad I loo dearly lies a distance fae me.

For it's friends and relations they have all joined in one,
For to part me and my sailor they have done all they can,
For to part me and my true love they have done all they know,
But the lad I loo dearly he will love me more so.

There's a bunch of blue ribbons to my love I'll prepare,
And through the long summer I will give him to wear,
And when he comes back again I will crown him with joy,
And I'll kiss the sweet lips of my own sailor boy.

# THE BLEACHER LASS O'KELVINHAUGH

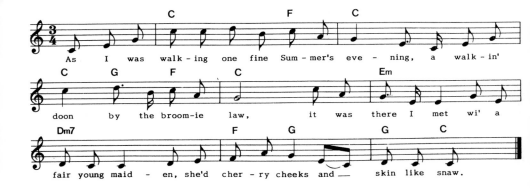

As I was walk-ing one fine Sum-mer's eve-ning, a walk-in'
doon by the broom-ie law, it was there I met wi' a
fair young maid-en, she'd cher-ry cheeks and — skin like snaw.

Says I "My lassie, is it you that wanders
All alone by the Broomielaw?"
"O indeed, kind sir, it's the truth I'll tell ye,
I'm a bleacher lassie on Kelvinhaugh."

"O lassie, lassie, do you remember
The ships that sailed by the Broomielaw,
And the sailor laddies they all admired
The bleacher lassie on Kelvinhaugh?"

"O laddie, laddie, I do remember
The ships that sailed by the Broomielaw,
And the sailor laddies they a' got tipsy
Wi' the bleacher lassie on Kelvinhaugh."

Says I, "My lassie will you gang wi' me,
I'll dress you up in fine satins braw."
"O indeed, kind sir, I can plainly tell ye,
I've a lad o' my ain, an' he's far awa.

"It's seven lang years that I loved a sailor,
It's seven long years since he gaed awa,
And ither seven I'll wait upon him
An' bleach my claes her on Kelvinhaugh.'

"O lassie, lassie, ye are hard-hearted,
I wish your fair face I never saw;
For my hert's aye bleedin', baith nicht and mornin',
For the bleacher lassie on Kelvinhaugh."

"O lassie, lassie, ye has been faithful,
And thocht on me when far awa,
Twa hers will surely be rewarded
We'll part nae mair here on Kelvinhaugh."

It's noo this couple, it's they've got mairrit,
And they keep an ale-hoose atween them twa,
And the sailor laddies they a' come drinkin',
To see the lassie on sweet Kelvinhaugh.

## MY AIN FOLK

Far frae my hame I wan-der; But still my thoughts re-
turn To my ain folk ow - er yon-der, In the shei-ling by the
burn. I see the cos - y in-gle, And the mist a bune the
brae: And joy and sad-ness min-gle, As I list some auld-warld
lay. And it's Oh! but I'm long-ing for my ain folk, Tho'
they be but low-ly, puir, and plain folk: I am far be-yond the
sea, But my heart will ev - er be At
hame in dear auld Scot-land, wi' my ain folk!

A bonnie lassie's greetin'
Though she tries to stay the tears
And sweet will be our meeting
After mony weary years
How my mother will caress me
When I'm standing by her side
Now she prays that heaven will bless me
Though the stormy seas divide.

# THE NIGHT VISITING SONG

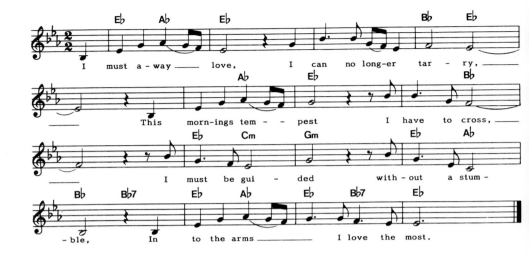

I must a-way —— love, I can no long-er tar - ry, ——
This morn-ings tem - - pest I have to cross,
I must be gui - ded with - out a stum -
- ble, In to the arms —— I love the most.

And when he came to his true love's dwelling
He knelt down gently upon a stone
And through the window he's whispered lowly
"Is my true lover within at home."

She's raised her head from her down soft pillow
She's raised the blanket from off her breast
And through the window she's whispered lowly,
"Who's that disturbing me at my night's rest?"

"Get up, get up love it is thine own true lover
Get up, get up love and let me in
For I am tired love and oh so weary
And more than near drenched to the skin."

So she got up with the greatest of pleasure
And she got up and let him in
And they were locked in each others arms
Until the long night was passed and gone.

And when the long night it was passed and over
And when the small clouds began to grow
He's ta'en her hand and they've kissed and parted
Then he's saddled and mounted and away did go.

I must away love I can no longer tarry
This mornings tempest I have to cross
I must be guided without a stumble
Into the arms I love the most.

# COULTER'S CANDY

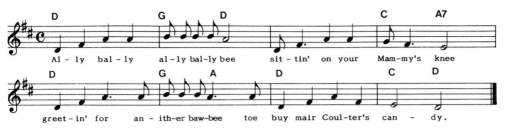

Al - ly bal - ly al - ly bal-ly bee sit - tin' on your Mam-my's knee

greet - in' for an - ith-er baw-bee toe buy mair Coul-ter's can - dy.

Ally, bally, ally bally bee, When you grow up you'll go to sea,
Makin' pennies for your daddy and me, Tae buy mair Coulter's Candy.

Mammy gie me ma thrifty doon, Here's auld Coulter comin' roon
Wi' a basket on his croon, Selling Coulter's Candy.

Little Annie's greetin' tae, Sae whit can puir wee Mammy dae
But gie them a penny atween them twae, Tae buy mair Coulter's Candy.

Poor wee Jeannie's lookin' affa thin, A rickle o' banes covered ower wi' skin,
Noo she's gettin' a double chin, Wi' sdookin' Coulter's Candy.

Newhaven, Edinburgh

# BUY BROOM BEESOMS

Assigned to William Purvis, called blind Willie. Born about 1752 in Newcastle, died in All Saints poorhouse 20-7-1832.

If ye want a buz-zem for to sweep your hoose come to me my hin-nies ye may have your choose,

Buy broom buz-zems, Buy them when there new fine heath-er bre-duns bet-ter nev-er grew.

Buzzems for a penny, rangers for a plack
If ye winna buy, aw'll tie them on my back.
            If ye want a buzzem, etc.

If aw had a horse, aw wad hev a cairt
If aw had a wife, she wad tyek me pairt.
            If ye want a buzzem, etc.

Had aw but a wife, aw care not what she be
If she's but a woman, that's enuf for me.
            If ye want a buzzem, etc.

If she took a droppie, her and me'd agree
If she didn't take it, there's the mair for me.

84

# TAE THE BEGGIN

Of a' the trades that I do ken, the beg-gin is the best for
when a beg-gar's wear-y he can aye sit doon an' rest, tae the
**CHORUS**
beg-gin' I will go, will go, tae the beg-gin' ' will go.

It's I'll gyang tae the cobbler, An' gar him sort my shoon;
An inch thick tae the boddam, An' clooted weel abune.

An' I will tae the greasy cook, Frae him I'll buy a hat,
Weel press'd and weather-beaten, An' glitt'rin wi' fat.

An' I will tae the tailor, Wi' a wab o' hodden gray,
An' gar him mak' a cloak for me, Will hap me nicht and day.

An' yet ere I begin my trade, I'll let me beard grow strang;
Nor pare my nails this year or day, For the beggars wear them lang.

I'll pit nae watter on my hands, As little on my face;
For still the lowner like I am, The mair my trade I'll grace.

When I come tae a fairm-toon, I'll say wi' hat in hand;
"Will the beggar-man get quarters here? Alas, I canna stand."

An' when they're a' come in aboot, It's then I'll start tae sing,
An' dae my best tae gar them lauch, A'roon aboot the ring.

If there's a wedding in the toon; I'll airt me tae be there;
An' pour my kindest benisons, Upon the happy pair.

An' some will give me beef an' breid, An' some will gie me cheese;
An' oot an' in amang the folk, I'll gaither the bawbees.

If beggin' be as good as trade, An' as I hope it may,
It's time that I was oot o' here, An' haudin doon the brae.

# TWA BONNIE MAIDENS

A Jacobite song. Air 'The Isle of Skye'. The Twa Bonnie Maidens were Flora
McDonald and Bonnie Prince Charlie, who was disguised as her serving woman
'Betty' in order to escape the Redcoats, i.e. soldiers.

There are twa bon-nie maid-ens, and three bon-nie maid-ens, cam' ower the minch, and cam' ower the main, wi' the wind for their lay, and the cor-ry for their haine, and they are dear-ly wel-come come to Skye a - gain. Come a - long, come a-long, wi' your boat-ie and your song my ain bon-nie maid - ens, my twa bon-nie maid-ens for the night it is dark and the Red Coat is gone, and ye are dear-ly wel - come to Skye a - gain

There is Flora my honey, sae dear and sae bonnie,
And ane that's sae tall, and sae handsome withal;
Put the one for my King, and the other for my Queen,
And they are dearly welcome to Skye again.
Come along, come along, wi' your boatie and your song,
My ain bonnie maidens, my twa bonnie maidens;
For the Lady Macoulain she swelleth her lane,
And she'll welcome you dearly to Skye again.

Her arm it is strong, and her petticoat is long,
My ain bonnie maidens, my twa bonnie maidens;
The sea moullit's nest I will watch o'er the main,
And ye are bravely welcome to Skye again.
Come along, come along, wi' your boatie and your song,
My ain bonnie maidens, my twa bonnie maidens;
And saft sall ye rest where the heather it grows best,
And ye are dearly welcome to Skye again.

86

There's a wind on the tree, and a ship on the sea,
My ain bonnie maidens, my twa bonnie maidens;
Your cradle I'll rock on the lea of the rock,
And ye'll aye be welcome to Skye again.
Come along, come along, wi' your boatie and your song,
My ain bonnie maidens, my twa bonnie maidens;
Mair sound sall ye sleep as ye rock o'er the deep,
And ye'll aye be welcome to Skye again.

# CAM' YE O'ER FRAE FRANCE

A Jacobite song about George I, Elector of Hanover, who was made King after the death of Queen Anne (1714). It sets George I in a brothel (kittle hoosie) riding on a 'goosie' Goosie was the nickname of one of his mistresses, he had brought over with him from Germany.

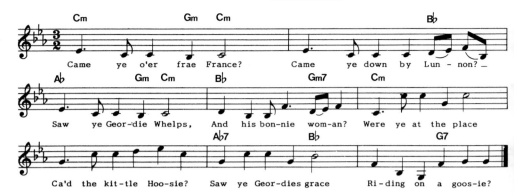

Came ye o'er frae France? Came ye down by Lun - non?
Saw ye Geor-die Whelps, And his bon-nie wom-an? Were ye at the place
Ca'd the kit-tle Hoo-sie? Saw ye Geor-dies grace Ri-ding on a goos-ie?

Geordie he's a man there is little doubt o't
He's done a' he can wha wid be wi' out it.
Doon there cam' a blade linkin' like my lordie.
He wad drive a trade at the loon o' Geordie.

Though the claith be bad blythly may we niffer
Gin we get a wab it mak's little differ.
We hae tint out plaid, bonnet, belt and swordie
Ha's and mailin's braid but we hae a Geordie.

Jocky's gane tae France and Montgomery's lady
There they'll learn to dance, Madam are you ready.
They'll be back belyve belted brisk and lordly
Brawly may they thrive tae dance a jig wi' Geordie.

Hey for Sandy Don, hey for Cockolorum
Hey for Bonnin' John and Highlan' quorum.
Mony a sword and lance swings at Highlan' hurdie
How they'll skip and dance o'er the bum o' Geordie.

# LOCHNAGAR

A - way, ye gay land-scapes, ye gar - dens of ros - ses, In you let the min - ions of lux - u - ry rove, Re - store me the rocks where the snow-flake re - po - ses, If still they are sa - cred to free - dom and love. Yet, Cal - e - don - i - a, dear are the moun - tains, Round their white sum - mits tho' el - e-ments war, Tho' cat - a - racts foam 'stead of smooth-flow - ing foun - tains, I sigh for the val - ley of ___ dark Loch - na - gar.

Ah, there my young footsteps in infancy wander'd
My cap was the bonnet, my cloak was the plaid;
On chieftains departed my memory ponder'd
As daily I stray'd thro' the pine cover'd glade.
I sought not my home till the day's dying glory
Gave place to the rays of the bright polar star,
For fancy was cheer'd by traditional story,
Disclos'd by the natives of dark Lochnagar.

Shades of the dead, have I not heard your voices
Rise on the night-rolling breath of the gale?
Surely the soul of the hero rejoices,
And rides on the wind o'er his own Highland vale.
Round Lochnagar, while the stormy mist gathers,
Winter presides in his cold icy car;
The Clouds there encircle the forms of my fathers,
They dwell 'mid the tempests of dark Lochnagar.

Years have roll'd on, Lochnagar, since I left you,
Years must elapse ere I see you again;
Though nature of verdure and flow'rs has bereft you,
Yet still thou art dearer than Albion's plain.
England, thy beauties are tame and domestic
To one who has rov'd on the mountains afar;
Oh! for the crags that are wild and majestic,
The steep frowning glories of dark Lochnagar.

Robert Burns (1759-179

# CA' THE YOWES

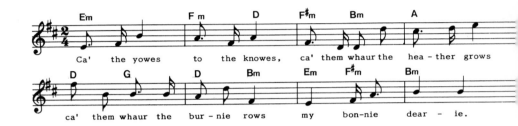

Ca' the yowes to the knowes, ca' them whaur the hea-ther grows
ca' them whaur the bur-nie rows my bon-nie dear - ie.

Hark the mavis' ev'nin' sang,
Soundin' Cluden's woods amang;
Then a-fauldin' let us gang,
My bonnie dearie.
       Ca' the yowes, etc.

We'll gae down by Cluden side,
Through the hazels spreadin' wide,
O'er the waves that sweetly glide
To the moon sae clearly.
       Ca' the yowes, etc.

Ghaist nor bogle shalt thou fear,
Thou'rt to love and heaven sae dear;
Nocht o' ill may come thee near,
My bonnie dearie.
       Ca' the yowes, etc.

Fair and lovely as thou art,
Thou hast stown my very heart;
I can die, but canna part,
My bonnie dearie.
       Ca' the yowes, etc.

Robert Burns.

# THE LEA-RIG

When \_\_ o'er the hill the East-ern Star tells bught-in - time is \_\_ near, my Jo; and

ow - sen frae the fur-row'd field re - turn sae dowf and wea - ry o; down

by the burn, where scen - ted birks wi' dew are hang - ing \_\_ clear my Jo; I'll

meet thee on the lea - rig my \_\_ ain \_\_ kind \_\_ dear-ie o \_\_\_\_\_

At midnight hour in mirkest glen I'd rove, and ne'er be eerie, O,
If thro' that glen I gaed to thee, My ain kind dearie, O.
Altho' the night were ne'er sae wild, And I were ne'er sae weary, O.
I'll meet thee on the lea-rig, My ain kind dearie, O.

The hunter lo'es the morning sun, To rouse the mountain deer, my Jo
At noon the fisher takes the glen, Adown the burn to steer , My Jo;
Gie me the hour o' gloamin grey —, It maks my heart sae cheery, O,
To meet thee on the lea-rig, My ain kind dearie, O.

91

# AE FOND KISS

Who shall say that Fortune grieves him, While the star of hope she leaves him?
Me, mae cheerfu' twinkle lights me, Dark despair around benights me.

I'll ne'er blame my partial fancy: Naething could resist my Nancy!
But to see her was to love her, Love but her, and love for ever.

Had we never loved sae kindly, Had we never loved sae blindly,
Never met — or never parted —, We had ne'er been broken-hearted.

Fare-thee-weel, thou first and fairest! Fare-thee-weel, thou best and dearest!
Thine be ilka joy and treasure, Peace, Enjoyment, Love and Pleasure!

Ae fond kiss, and then we sever! Ae fareweel, alas, for ever!
Deep in heart-wrung tears I'll pledge thee, Warring sighs and groans I'll wage thee.

# WILL YE NO COME BACK AGAIN?

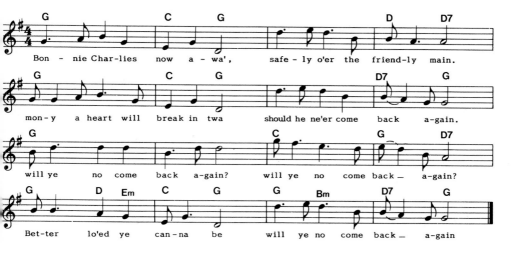

Bon - nie Char-lies now a - wa', safe - ly o'er the friend-ly main.
mon - y a heart will break in twa should he ne'er come back a-gain.
will ye no come back a-gain? will ye no come back — a-gain?
Bet-ter lo'ed ye can-na be will ye no come back — a-gain

Ye trusted in your Hieland men, They trusted yon dear Charlie!
They kent your hiding in the glen, Death and exile braving.
　　　　　Will ye no come back again? etc.

English bribes were a' in vain, Tho' puir and puirer we maun be;
Siller canna buy the heart, That aye beats warm for thine and thee.
　　　　　Will ye no come back again? etc.

We watch'd thee in the gloamin' hour; We watch'd thee in the mornin' grey;
Tho' thirty thousand pounds they gi'e, Oh, there is nane that wad betray!
　　　　　Will ye no come back again? etc.

Sweet's the lav'rock's note, and lang, Liltin' wildly up the glen;
But aye to me he sings ae sang, "Will ye no come back again?"
　　　　　Will ye no come back again? etc.

# BONNIE GLEN SHEE

Oh, do you see yon shep-ards as they walk a - long wi' their plai - dies pu'd a - boot them, and their sheep they graze on? Busk busk, bon - nie las - sie and come a-long wi' me An' I'll tak' ye tae Glen - is - la, near bon - nie Glen - shee.

Oh, do you see yon soldiers as they all march along,
Wi' their guns on their shoulders and their broadswords hanging down?

Oh, do you see yon high hills all covered wi' snow?
They hae parted mony a true love and they'll soon part us twa.

A ballad from the border of Scotland.

There was a la-dy in the north I n'eer could find her mar-row she was court-ed by nine gen-tle-men and a plough-boy lad frae yar-row.

These nine sat drinking at the wine, Sat drinking wine in Yarrow;
An' they made a vow amang them aw, Tae fecht for her on Yarrow.

She's washed his face an' kaimed his hair, As aft she's done afore O,
An' she's made him like a knight sae bricht, Tae fecht for her on Yarrow.

As he gazed up yon high, high hills, Doon by the braes o' Yarrow,
It was there he saw nine armed men, Come tae fecht wi' him on Yarrow.

And three he slew and three they flew, And three he wounded sairly,
Till her brither John cam' in beyond, And did murder him maist foully.

"Oh faither dear, I dreamed a dream, A dream o' dule an' sorrow;
I dreamed I wis pu'lin' heather bells, On the dowie dens o' Yarrow."

"Oh dochter dear, I read your dream, I doot it will bring sorrow,
For your ain true love lies pale and wan, On the dowdie dens o' Yarrow."

As she gazed up yon high, high hill, Doon by the houms o' Yarrow.
It was there she saw her ain true love, Lying pale an' wan on Yarrow.

Her hair it being three-quarters lang, The colour it was yellow;
An' she wrapt it roon his middle sae sma', An' she bore him doon tae Yarrow.

"Oh, faither dear, ye've seeven sons, Ye may wad them a' the morrow,
But the fairest floo'er amang them a' Was the plooboy lad frae Yarrow."

# THE SHEARIN'S NO FOR YOU

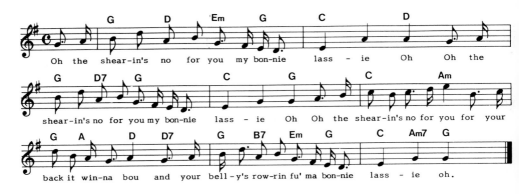

Oh the shear-in's no for you my bon-nie lass - ie Oh Oh the shear-in's no for you my bon-nie lass - ie Oh Oh the shear-in's no for you for your back it win-na bou and your bell - y's row-rin fu' ma bon-nie lass - ie oh.

Oh the shearin's no for you ma bonnie lassie Oh
Oh the shearin's no for you ma bonnie lassie Oh
Oh the shearin's no for you for your back it winna boo (bow)
And your belly's rowrin' fu' ma bonnie lassie Oh.

Wool-Drying

# THE BANKS O' RED ROSES

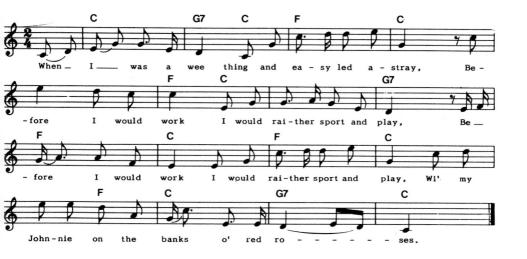

When — I — was a wee thing and ea - sy led a - stray, Be -
fore I would work I would rai - ther sport and play, Be —
fore I would work I would rai - ther sport and play, Wi' my
John - nie on the banks o' red ro - - - - - ses.

On the banks o' red roses my love and I sat down,
He took out his tuning-box to play his love a tune.
In the middle o' the tune, his love broke down and cried,
"Oh, my Johnnie, oh my Johnnie dinna leave me."

He took out his pocket-knife, and it was long and sharp,
And he pierced it through and through his bonnie lassie's heart,
And he pierced it through his bonnie lassie's heart,
And he left her lying low amang the roses.

# VAN DIEMAN'S LAND

(The Poachers) Van Dieman's land is Tasmania.

'Twas poor Tom Brown from Glasgow, Jack Williams and poor Joe,
We were three daring poachers, the country will did know;
At night we were trepanned by the keepers in the sand,
And for fourteen years transported unto Van Dieman's Land.

The first day that we landed upon this fatal shore
The planters that came round us, full twenty score or more,
They rank'd us up like horses, and sold us out of hand,
And yok'd us to the ploughs, my boys, to plough Van Dieman's Land.

The houses that we dwell in here are built of clod and clay;
With rotten straw for bedding, we dare not say them nay;
Our cots are fenced with wire, and we slumber when we can,
And we fight the wolves and tigers which infest Van Dieman's Land.

There cam' a lass from sweet Dundee, Jean Stewart it was her name,
For fourteen years transported, as you may know the same.
Our captain bought her freedom, and married her off-hand,
And she gives us a good usage here, upon Van Dieman's Land.

Although the poor of Scotland do labour and do toil,
They're robbed of every blessing and produce of the soil;
Your proud imperious landlords, if we break their command,
They'll send you to the British hulks, or to Van Dieman's Land.

Words by Lady Nairne (1766-1845). The rowan tree was supposeed to be a good way to ward off evil.

# THE ROWAN TREE

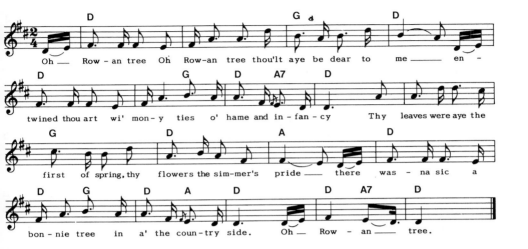

Oh — Row - an tree Oh Row-an tree thou'lt aye be dear to me ——— en - twined thou art wi' mon - y ties o' hame and in - fan - cy Thy leaves were aye the first of spring, thy flowers the sim-mer's pride —— there was - na sic a bon - nie tree in a' the coun-try side. Oh — Row - an —— tree.

How fair wert thou in simmer time, wi' a' thy clusters white;
How rich and gay they autumn dress, wi' berries red and bright!
On thy fair stem were mony names which now nae mair I see,
But they're engraven on my heart, forgot they ne'er can be.
                    Oh! rowan tree.

We sat aneath they spreadin' shade, the bairnies round thee ran,
They pu'd they bonnie berries red, and necklaces they strang;
My mither, oh! I see her still, she smil'd our sports to see,
Wi' little Jeannie on her lap, and Jamie at her knee.
                    Oh! rowan tree.

Oh! there arose my father's pray'r, in holy ev'ning's calm,
How sweet was then my mother's voice, in the "Martyrs'" psalm!
Now a' are gane! we meet nae mair aneath the rowan tree,
But hallow'd thoughts around thee twine o' hame and infancy.
                    Oh! rowan tree.

99

# LASSIE WI' THE YELLOW COATIE

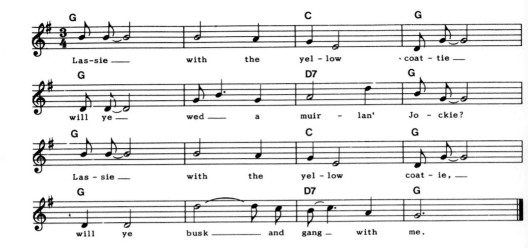

Las-sie —— with the yel-low ·coat-tie ——
will ye —— wed —— a muir - lan' Jo - ckie?
Las - sie —— with the yel - low coat - ie, ——
will ye busk —— and gang — with me.

I hae meal and milk in plenty.,
I hae kail an' cakes fu' dainty,
I've a but an' ben fu' genty,
But I want a wife like thee.

Although my mailen be but sma',
An' little gowd I hae to shaw,
I hae a heart without a flaw,
An' I will gie it a' to thee.

Wi' my lassie an' my doggie,
O'er the lea an' through the boggie,
Nane on earth was e'er sae vogie,
Or as blythe as we will be.

Haste ye, lassie, to my bosom,
While the roses are in blossom;
Time is precious, dinna lose them
Flowers will fade, an' sae will ye.

Final Chorus: —

Lassie wi' the yellow coatie,
Ah! tak' pity on your Jockie;
Lassie wi' the yellow coatie,
I'm in haste, an' sae should ye.

# MINGULAY BOAT SONG

A traditional Gaelic song translated by Hugh S. Roberton

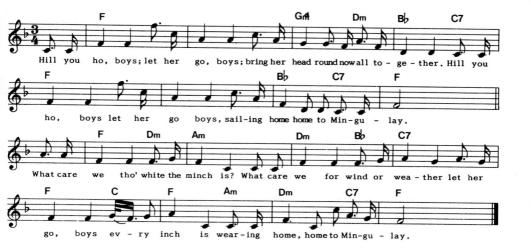

Hill you ho, boys; let her go, boys; bring her head round now all to-ge-ther. Hill you

ho, boys let her go boys, sail-ing home home to Min-gu - lay.

What care we tho' white the minch is? What care we for wind or wea-ther let her

go, boys ev-ry inch is wear-ing home, home to Min-gu - lay.

Wives are waiting on the bank, Or looking seaward from the heather;
Pull her round boys! and we'll anchor, Ere the sun sets at Mingulay.

Return from the Fishing, Lerwick

# PLOOMAN LADDIES

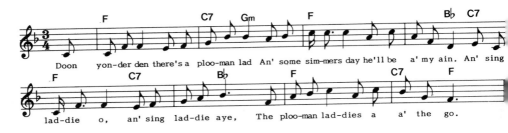

Doon yon-der den there's a ploo-man lad An' some sim-mers day he'll be a' my ain. An' sing lad-die o, an' sing lad-die aye, The ploo-man lad-dies a a' the go.

I love his teeth an' I love his skin,
I love the verra cairt he hurls in.

Doon yonder den I couldna gotten a merchant,
Bit a' his stuff wisna worth a groat.

Doon yonder den I coulda gotten a miller,
Bit the smell o' dust widda deen me ill.

It's ilka time I gyang tae the stack,
I hear his wheep gie the ither crack.

I see him comin' fae yonder toon,
Wi' a' his ribbons hingin' roon an' roon.

An' noo she's gotten her plooman lad,
As bare as ever he left the ploo.

Packing St. Kilda Cloth

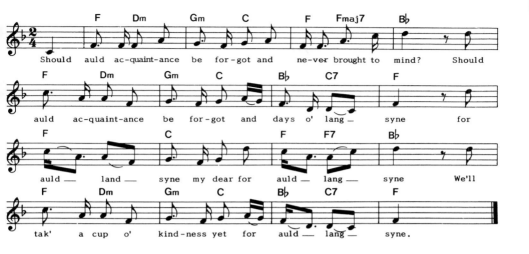

Should auld ac-quaint-ance be for-got and ne-ver brought to mind? Should
auld ac-quaint-ance be for-got and days o' lang — syne for
auld — land — syne my dear for auld — lang — syne We'll
tak' a cup o' kind-ness yet for auld — lang — syne.

And surely ye'll be your pint-stowp! And surely I'll be mine!
And we'll tak a cup o' kindness yet, For auld lang syne.

We twa hae run about the braes and pu'd the gowans fine;
But we've wander'd mony a weary foot, Sin auld lang syne.

We twa hae paidl'd i' the burn, Frae mornin' sun till dine;
But seas between us braid hae roar'd, Sin auld lang syne.

And there's a hand, my trusty fiere! And gie's a hand o' thine!
And we'll tak a right gude-willy waught, For auld lang syne.

# THE FOUR MARIES

Supposedly the four wailing women of Mary Queen of Scots, but the names are not correct. A short version of the much longer ballad 'Mary Hamilton'

Yes - treen the Queen had four Ma - ries, The nicht she'll hae but three, There was
Ma - rie Se-ton, and Ma - rie Bea-ton,and Ma-rie Car-michael and me. Oh
oft - en hae — I dress'd my Queen and put gowd on — her hair, But
noo I've got-ten for my re-ward the gall-ows to be my share.

Oh often hae I dressed ma Queen,
And put gowd in her hair,
The gallows tree is my reward
And shame sall be my share.

Oh often hae I dressed ma Queen,
And soft, soft made her bed,
And now I've got for my reward
The gallow's tree to tread.

I charge ye all ye sailows
As ye sail ower the sea,
Let neither ma faither nor mother ken
The ill death I'm to dee.

I charge ye all ye mariners
As ye sail ower the main,
Let neither ma faither nor mother ken
But that I'm comin' hame.

For little did my mother think
When first she tended me,
The lands I was to tread in
Or what ill death I should dee.

Oh happy, happy is the maid
That's born o' beauty free,
It was my dimplin' rosy cheeks
That's been the dule o' me.

104

Words by Sir Walter Scott (1771-1832) (Air anonymous). Taken from his historical poem "The Doom of Derorgoil". Refers to the convention of the Scottish estates of Parliament in Edinburgh in 1689, which was held to decide whether to keep James I as monarch or change to William III and Mary. John Graham of Claverhouse (Bonnie Dundee) led 'Jacobite' followers of James out of the convention and raised the standard for James.

# BONNIE DUNDEE

To the Lords of con-ven-tion 'twas Clav-er-house spoke ere the King's crown go down there are crowns to be broke so each Ca-va-lier that loves hon-our and me let him fol-low the bon-nets o' bon-nie Dun-dee come fill up my cup come fill up my can. Come sad-dle my hor-ses and call out my men un-hook the west port and let us gae free for it's up wi' the bon-net's o' bon-nie Dun-dee.

Dundee he is mounted, he rides up the street,
The bells they ring backward, the drums they are beat;
But the provose (douce man) said, "Just e'en let it be,
For the toun is weel rid o' that de'il o' Dundee."
　　　　　　Come fill up my cup, etc.

"There are hills beyond Pentland, and lands beyond Forth,
Be there lords in the south, there are chiefs in the north;
There are brave Duinnewassals three thousand times three,
Will cry 'Hey for the bonnets o' Bonnie Dundee.'
　　　　　　Come fill up my cup, etc.

"Then awa' to the hills, to the lea, to the rocks,
Ere I own a usurper I'll crouch with the fox;
And tremble false Whigs in the midst o' your glee,
Ye hae no seen the last o' my bonnets and me.
　　　　　　Come fill up my cup, etc.

# WHISTLE O'ER THE LAVE O'T

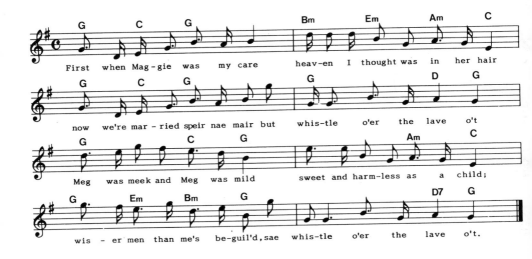

First when Mag-gie was my care heav-en I thought was in her hair
now we're mar-ried speir nae mair but whis-tle o'er the lave o't
Meg was meek and Meg was mild sweet and harm-less as a child;
wis-er men than me's be-guil'd, sae whis-tle o'er the lave o't.

How we live, my Meg and me, How we love and how we gree,
I carena by how few may see; Sae, whistle o'er the lave o't.
Wha I wish were maggots' meat, Dish'd up in her windin' sheet,
I could write — but Meg maun see 't; Sae, Whistle o'er the lave o't.

Carding, Spinning and Winding

# THE ROAD TO DUNDEE

Cauld win - ter was howl - ing o'er muir and o'er moun - tain, and
wild was the surge on the dark roll-ing sea when I met a-bout day-break a
bon - nie young las - sie, wha asked me the road and the
miles tae Dun-dee said I "My young las-sie, I can - na weel tell ye, the
road and the dis-tance I can - na weel gie: but if ye'll per-mit me toe
gang a wee bit - tie, I'll show ye the road and the miles tae Dun-dee.

At once she consented and gave me her arm;
Ne'er a word did I speir wha the lassie might be,
She appeared like an angel in feature and form,
As she walked by my side on the road to Dundee.

At length wi' the Howe o' Strathmartine behind us,
And the spires of the toon in full view we could see;
She said "Gentle sir, I can never forget ye
For showing me so far on the road to Dundee."

"This ring and this purse take to prove I am grateful
And some simple token in trust ye'll gie me,
And in times to come I'll the laddie remember
That showed me the road and the miles to Dundee."

I took the gowd pin from the scarf on my bosom,
And said "Keep ye this in remembrance o' me"
Then bravely I kissed the sweet lips o' the lassie
Ere I parted wi' her on the road to Dundee.

So here's to the lassie I ne'er can forget her
And ilka young laddie that's listening to me
No never be sweir to convoy a young lassie
Though it's only to show her the road to Dundee.

# CALLER HERRIN'

Words by Lady Nairne (1766-1845). This song recalls the days the bells of St. Andrew's church in Edinburgh could be heard, mingled with the cries of the fisherwomen, selling their herring in the street.

Wha'll buy cal-ler her-rin they're bon-nie fish and hale-some far-in

Wha'll buy cal-ler her-rin, just — new-drawn frae the Forth

when ye were sleep-in on your pil-lows dream'd ye aught of our puir fel-lows

dark-lin as they faced the bil-lows, a' tu fill our wov-en wil-lows, buy my cal-ler her-rin' they're

bon-nie fish and hale-some far-in' buy my cal-ler her-rin' just new drawn from the Forth. Wha'll

buy my cal-ler her-rin? They're no brought here with-out brave dar-in' buy my cal-ler her-rin, haul'd

in thro' wind and rain Wha'll buy my cal-ler her-rin? O ye may ca' them vul-gar far-in'

wives and mith-ers maist des-pair-in' ca' them lives O' men.

*(Other verses begin at sign 𝄋)*

And when the creel o' herrin' passes,
Ladies clad in silks and laces,
Gather in their braw pelisses,
Cast their heads and screw their faces.
Buy my caller herrin'
The're bonnie fish and halesome farin';
Buy my caller herrin'
Just new drawn frae the Forth.
     Wha'll buy my caller herrin', etc.

Noo neebours' wives come tent my tellin',
When the bonnie fish you're sellin',
At a work aye be your dealin'
Truth will stand when a' thing's failin'.
Buy my caller herrin'
The're bonnie fish and halesome farin',
Buy my caller herrin'
Just new drawn frae the Forth.
          Wha'll buy my caller herrin', etc.

# WHAT'S A' THE STEER KIMMER

Words by Robert Allan (1774-1796). Air ascribed to John Bruce of Dumfries but is
almost certainly much older.

What's a' the steer, Kim-mer? What's a' the steer? Char - lie he is land - ed, an'
haith, he'll soon be here The win' was at his back Carle, the win' was at his back I
care - na sin he's come, Carle we were - na worth a plack.

I'm right glad to hear't, kimmer, I'm right glad to hear't;
I hae a gude braid claymore, And for his sake I'll wear't:
Sin' Charlie he is landed, We ha'e nae mair to fear;
Sin' Charlie he is come, kimmer, We'll ha'e a jub'lee year.

# BONNIE GEORGE CAMPBELL

(Old Air).

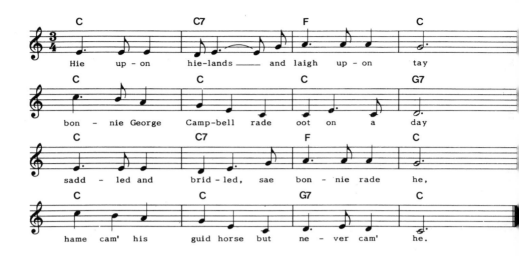

Hie up - on hie-lands ____ and laigh up - on tay
bon - nie George Camp-bell rade oot on a day
sadd - led and brid - led, sae bon - nie rade he,
hame cam' his guid horse but ne - ver cam' he.

Saddled and booted and bridled rade he
A plume tae his helmet, a sword at his knee
But toom cam' his saddle a' bluidy tae see,
Hame cam' his guid horse but never cam' he.

Doon cam' his auld mither greetin' fu' sair,
Oot cam' his bonnie wife rivin' her hair
"My meadows lie green and my corn is unshorn
My barn is tae bigg and my baby's unborn."

Hie upon Hielands and laigh upon Tay,
Bonny George Campbell rade oot on a day,
Saddled and bridled, sae bonny rade he,
Hame cam' his guid horse but never cam' he.

Robert Burns (1759-1796) Charlie is Prince Charles Edward Stuart, the "Young Pretender". A Jacobite toast to the "King over the water".

# BOAT ME O'ER TO CHARLIE

I swear by moon and stars sae bricht, And the sun that glances early,
If I had twenty thousand lives, I'd give them a' for Charlie.
We'll o'er the water, we'll o'er the sea, We'll o'er the water to Charlie;
Come weal, come woe, we'll gather and go, And live or die with Charlie.

# THE GREAT SILKIE

Silkies were seals in the water and men on land. Sule Skerry is a very small island (now with a lighthouse) off the north coast of Scotland.

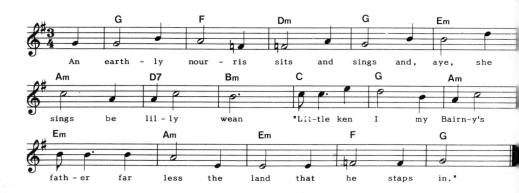

An earth - ly nour - ris sits and sings and, aye, she
sings be lil - ly wean "Lit-tle ken I my Bairn-y's
fath - er far less the land that he staps in."

Then in steps he to her bed fit, And a grumley guest I'm sure was he;
Saying, "Here I am, thy bairny's father, Although I be not comely."

"I am a man upon the land, And I am a silkie in the sea.
And when I'm far and far from land, My home it is in Sule Skerry."

"It was na' weel," quo' the maiden fair, "It was na' weel," indeed quo' she.
"That the great silkie from Sule Skerry, Should hae come and brought a bairn ta me."

Then he has taken a purse of gold, And he has pat it upon her knee,
Saying, "Gie to me my little young son, And take thee up thy nourris fee."

"And it shall come to pass on a simmer's day, When the sun shines het on ev'ra stane,
That I shall tak my little young son, And teach him for tae swim the faem."

"And thou shall marry a proud gunner, And a richt guid gunner I'm sure he'll be,
But the vera first shot that ere he'll shoot, He'll kill baith my young son and me."

"Alas, alas," the maiden cried, "This weary fate that's laid on me"
And ance she sobbed and ance she sighed, And her tender heart did brak in three.

112